Las Competencias Docentes en la Educación Superior

Carolina España Chavarría

2017

1ra edición

GlobalSouth
P R E S S

For more information, please contact
info@globalsouthpress.com or go to
http://www.globalsouthpress.com/

Las Competencias Docentes en la Educación Superiores

By ESPAÑA CHAVARRÍA, Carolina
—1st ed. — 2017
Includes bibliographical references and index
ISBN: 978-1-943350-67-4
1. Education— Higher
2. Education — Educational Policy
3. International Studies — Central America

*A mi familia por ser fuente
de mi inspiración*

TABLA DE CONTENIDO

TABLA DE CUADROS

Carolina España Chavarría

PALABRAS DE LA AUTORA

Aprender como aprender y la actitud de querer aprender a lo largo de la vida para construir el propio proyecto personal y profesional, es la exigencia de la enseñanza universitaria en las condiciones cambiantes de la actual sociedad global de mercado.

Pérez et al., (2009, p. 5)

Tradicionalmente el hecho educativo en el contexto universitario ha puesto su acento en la instrucción y en la concepción de que el alumno es sujeto pasivo de la recepción de conocimientos que posee el profesor como administrador de la educación; no obstante, actualmente, producto de las demandas impuestas por la sociedad del conocimiento, el discente ha pasado a ser el centro del accionar formativo y el profesorado el mediador activo del proceso pedagógico, por lo que se acentúa el aprendizaje resaltando su autonomía y su funcionalidad para la vida personal y profesional de los individuos implicados en él.

Los retos que impone la educación en la sociedad del conocimiento implican una trasformación conceptual y procedimental de los contextos de aprendizaje, en este caso específico, en la universidad considerada como la comunidad aprendiente por excelencia en donde interactúan docentes y discentes en la construcción del conocimiento funcional, significativo y pertinente con el cual es posible afrontar los desafíos profesionales.

Este libro pretende establecer relaciones entre la relevancia del aprendizaje construido y la incidencia que ambas tienen con las competencias (capacidades personales, sociales y profesionales) puestas en juego en el escenario educativo (Gimeno, 2008; Zabalza, 2007; Tedesco, 1999; Perrenoud 2005).

Se considera el aprendizaje como el motor clave que impulsa el desarrollo de las competencias, las cuales según Marco (2008) "...se apoyan en saberes amplios y explícitos entre los que se incluyen las posibilidades de abstracción, generalización y transferencia" (p. 45) y les permiten a los aprendizajes funcionalidad, es decir, utilidad con pertinencia.

Lo anterior conduce a una evidente responsabilidad docente de hacer de la reflexión crítica una práctica permanente y de autoconstrucción de significados a partir de la cual sea posible indagar sobre las formas más asertivas para abordar su función, en donde según Perrenoud (2005), es posible desarrollar autonomía del conocimiento a la luz de aprendizajes comprensivos, pertinentes, relevantes y funcionales que son conducidos por la investigación educativa.

El desarrollo de esta herramienta didáctica ha requerido de un proceso de indagación empírica sobre las concepciones del profesorado universitario acerca de las competencias claves necesarias para ejercer su labor docente, también sobre el aporte de las posibilidades y retos de un necesario cambio educativo tomando en cuenta el contexto social y sus demandas a la educación para dar las respuestas pertinentes a los desafíos que se le imponen. De allí la atención puesta a la función docente como elemento clave para darle sentido al aprendizaje promovido a partir del desarrollo, la internalización y puesta en práctica de competencias renovadas que le permitan al grupo docente analizar, sintetizar, razonar críticamente, fundamentar y relacionar en su pensamiento y en el del colectivo estudiantil al que se debe.

Así como la sociedad es cambiante, de igual forma lo es la educación, de ahí la necesaria trasformación en el proceder y creencias de sus artífices, para el logro de la puesta en marcha de actividades innovadoras que permitan mejorar y sedimentar el conocimiento como la vía de acceso al desarrollo intelectual, personal y profesional del grupo universitario.

Como resultado de este dinamismo el colectivo docente, como clave fundamental del proceso educativo y responsable del desarrollo integral del estudiantado, debe reinventar la educación y, además, provocar un cambio conceptual en el alumnado que le facilite aprender a ser persona, ciudadano, sujeto de derechos y deberes, capaz de educarse permanentemente durante toda la vida y con ello, tomar decisiones sobre qué, cómo y cuándo aprender de forma proactiva del desarrollo y problemáticas que emergen de su entorno (Monereo y Pozo, 2003).

Según Delors *et al.* (1996), la educación es hoy el boleto para la vida y le permite al individuo comprenderse mejor a sí mismo, entender a los demás y poder con ello ser agente activo en la construcción de la sociedad, sobreponiéndose de las presiones externas que potencian el desarrollo de actitudes sumisas y poco analíticas, por unas caracterizadas por el empoderamiento y la autonomía del saber hacer.

Lo anterior hace necesario referirse a las competencias y su inclusión como modelo pedagógico-didáctico en la educación superior para convertirse en el eje alrededor del cual gira la promoción de aprendizajes facilitadores de la construcción de contextos aprendientes en continua transformación para permitir la funcionalidad de los aprendizajes, sobrepasando su simple memorización y utilización de corto plazo y sustituirlo por uno de más largo plazo y mayor impacto donde la comprensión, la actuación y el análisis significativo en la vida personal y laboral juegan un papel determinante.

Entonces, es posible decir que las competencias del docente universitario en la actualidad constituyen un reto tanto para la profesión como para el proceso educativo, pues implican el rompimiento de las formas tradicionales de pensamiento, práctica y cultura, e imponen un replanteamiento exhaustivo de la función formadora universitaria, del trato que desde ella se le dé a la información para lograr desarrollar conocimientos permanentes construidos desde y para la vida.

El esquema de presentación y exposición de los capítulos se realiza en tres segmentos que se presentan a continuación y que parten de un desarrollo conceptual actualizado de las relaciones establecidas entre el aprendizaje y las competencias del profesorado universitario.

El primer capítulo está dedicado a tratar los temas de *educación y sociedad del conocimiento:* una exploración de la sociedad de la información y del conocimiento, el desarrollo social y la educación superior, los nuevos retos de la formación docente y la pedagogía universitaria. El segundo capítulo es un análisis de *las competencias en la educación:* el desarrollo de competencias, las competencias para la mediación pedagógica, para la formación ciudadana y para la transformación educativa; por último, el tercer capítulo pretende *un acercamiento al estado de la educación superior en Centroamérica.*

Carolina España Chavarría

INTRODUCCIÓN

...para superar las barreras puestas por las condiciones de educabilidad es necesario introducir una apelación al voluntarismo, que no puede ser sectorial, sino que tiene que ser sistemático, enmarcando la acción educativa en un proyecto amplio o en proyecto de sociedad.

Tedesco (2012, p. 126)

Las recientes transformaciones sociales y económicas patentes principalmente a partir de la segunda mitad del siglo XX han demandado de la educación superior un replanteamiento de sus propósitos, fines y funciones tendientes a descubrir nuevas formas de comprender y gestionar el conocimiento.

El aprendizaje, la experiencia, el anhelo de aprender, de entender y la necesidad de hacer orientan a la universidad a transformarse y reinventarse como el espacio de reflexión, cultivo, creación y recreación del conocimiento.

De acuerdo con la línea de pensamiento de Gimeno (2008), quien indica que "ante la oportunidad de reestructurar los sistemas educativos por dentro, superando la instrucción ocupada en contenidos obsoletos poco funcionales, para lograr una sociedad, no solo eficiente, sino también justa, democrática e incluyente" (p. 10) pareciera ser que los desafíos de la educación contemporánea impactan las propuestas curriculares que se han promovido y a su vez les imponen una transformación materializada en políticas curriculares y prácticas docentes.

En el caso particular de Costa Rica, las políticas educativas de alguna manera se articulan con las ideas expresadas por Gimeno, en tanto que los objetivos impulsados por este país centroamericano a través de la Política Educativa hacia el Siglo XXI[1], les conceden a los procesos formativos una función central de manera que la intención primordial del Estado se oriente a convertir la educación en el eje del desarrollo sostenible, en el marco general de lo social y lo económico.

Entre los fines más relevantes de la política educativa en cuestión se encuentran:

a) El cierre de brechas entre la calidad de la educación promovida dentro y fuera del área metropolitana erradicando la diferenciación existente entre los centros rurales, los urbanos marginales y no marginales.

b) El fortalecimiento de algunos de los valores esenciales ya debilitados con el pasar del tiempo.

c) La promoción de aprendizajes que permitan el desarrollo de una conciencia de compromiso en procura del bienestar individual y colectivo

y su incidencia en el desarrollo económico y social, el cual deberá ser construido en armonía con la naturaleza y el entorno en general.

Uno de los problemas al que se enfrenta la concreción de los fines de la política trazada por el Estado costarricense en el ámbito de la educación se refiere a las limitaciones de los docentes en cuanto al apropiamiento de competencias diversas

---

1   Política aprobada por el Consejo Superior de Educación costarricense en sesión N° 82.94 el 8 de noviembre del año 1994

dispuestas al cambio, las cuales se suponen están orientadas al desarrollo de su capacidad de respuesta, análisis, reflexión y autonomía, de manera que le faciliten al colectivo discente las herramientas fundamentales para que puedan asumir los retos que la práctica educativa y la sociedad exigen. Por consiguiente, surge la necesidad de conocer esta realidad para entender de una mejor manera la importancia del desarrollo de competencias en la educación superior.

Se entiende que el enfoque por competencias es el responsable en el proceso educativo de movilizar y transferir la promoción de aprendizajes desde las situaciones de aula a las situaciones de la vida con la intención de alcanzar un desarrollo autónomo del conocimiento y de la persona en general. Su práctica va más allá de objetivos concretos, pues su gesta supone realizarse de manera articulada con múltiples saberes a lo largo de todo el proceso de aprendizaje.

Lo preocupante, señala Gimeno (2008):

> ...es el hecho de recurrir al constructo de competencias que pueda estar produciendo un doble fenómeno de consecuencias contradictorias. Mientras que, por un lado, esta propuesta surge como medida de convergencia entre sistemas educativos, es decir, de acercamiento, las interpretaciones diversas de las que está siendo objeto, la están convirtiendo en una medida de divergencia (p. 11).

La afirmación de Gimeno llama a rescatar la importancia de este enfoque de enseñanza-aprendizaje para que no se le limite a promotor utilitarista de las capacidades alcanzadas y las innatas, sino que se le valore como el enfoque que promueve sinergia y consecuentemente la movilización de las capacidades y los recursos requeridos para lograr alcanzar el pleno desarrollo y proyección a la vida personal, social y profesional del sujeto.

Como consecuencia, la educación transformada por el enfoque de competencias, supondría una vía para poner a funcionar los recursos cognitivos, sociales y afectivos que permitan tal y como lo señala UNESCO a través del texto preparado por Delors *et al.* (1996), a aprender a aprender, aprender a conocer, aprender a ser y aprender a hacer, lo que a su vez contribuye a que el estudiantado fundamente y fomente su capacidad de acción, de intervención y de realización a partir del uso deliberado que haga del saber, logrando así, contribuir con respuestas competentes y resolutivas a los problemas y situaciones de la vida.

Los estudios sobre competencias tienen su impronta en el mundo académico (Marchesi, 2007), pero su comprensión e incorporación a los sistemas de enseñanza se inició con el Proceso de Bolonia (también llamado Espacio Europeo de Educación Superior –EEES-) gestado en 1999 y fueron asumidos a partir del 2005 en la Declaración de la Conferencia de Ministros de la Unión de Bergen con la relevancia que les caracteriza en la actualidad. La construcción de este Proceso constituye una excelente oportunidad para que los centros de formación, incluidos los universitarios, asuman el reto de transformar su quehacer (metodología, estructura pedagógica, gestión administrativa, políticas curriculares, movilización del recurso docente y discente, entre otros) para poder así estar en la capacidad de atender las nuevas realidades del entorno y con ello garantizar calidad en los procesos desarrollados.

Tal y como lo evidencia Gimeno (2008), han existido otros trabajos relacionados con el tema que se financiaron con la intención de marcar el curso del proceso, entre ellos el Tuning Project (2006), sobre el cual se profundizará en uno de los apartados del presente texto.

La introducción del enfoque por competencias como modelo didáctico pedagógico reafirma la misión y el compromiso que mantienen las instituciones de educación superior con el desarrollo, la formación y proactividad del colectivo estudiantil y su impacto en la sociedad. Un ejemplo de ello se confirma en los principios que sustentan el modelo pedagógico de la Universidad Nacional[2], en los que se expone la necesidad de promover una formación que desarrolle:

- Respeto a la diversidad en todas sus expresiones.

- Respeto y compromiso con la igualdad de oportunidades y con la construcción de una sociedad más justa y equitativa.

- Formación de profesionales solidarios y comprometidos con el bienestar social.

- Flexibilidad para conceptuar el aprendizaje como proceso sociocultural, histórico, dinámico y transformable, posible y que puede construirse de muchas maneras.

- Interacción en los procesos formativos donde los conocimientos sean discutidos y enriquecidos permanentemente.

- Formación de un espíritu investigador en los futuros profesionales.

- Creatividad que permita la innovación, así como la utilización de medios, estrategias y recursos de enseñanza en los procesos de mediación pedagógica.

- Disposición para determinar los principios lógicos subyacentes en cada disciplina, que permitan una formación profesional de calidad.

- Evaluación como proceso integral, concertado, permanente, contextualizado y propositivo.

---

2   Información presente en la página http://www.una.ac.cr

- Mejoramiento continuo en la formación integral de los estudiantes y los procesos de gestión académica-administrativa y para-académica.

- Visión prospectiva que permite la planificación estratégica para el logro de objetivos a mediano y largo plazo.

Tal y como se evidencia, las instituciones educativas y, en este caso específico, las universitarias, suponen promover aprendizajes funcionales, que no se desarrollan en situaciones rutinarias, sino afrontando retos y situaciones difíciles como medio para la construcción de competencias (Margery, 2010). En este sentido, parece que las intenciones formativas deberían estar enmarcadas en una propuesta curricular significativa y acertada respecto a las realidades y problemas que aquejan al entorno, lo que se traduce en una práctica pedagógica articulada y hecha realidad en el acto educativo, por un cuerpo docente capaz de transferir los temas relevantes entre el contexto de aprendizaje y el contexto de aplicación.

El modelo de enseñanza y aprendizaje por competencias significa para quienes llevan a cabo las responsabilidades sustantivas del quehacer universitario un conjunto de múltiples retos y desafíos, a los cuales se han de enfrentar la universidad y quienes cotidianamente llevan a cabo la práctica del hecho educativo. Paralelamente, estamos a las puertas de ampliar, debatir y sustentar las diversas lecturas que se derivan de las competencias como enfoque de formación universitaria, asociado a la búsqueda de nuevos paradigmas de calidad profesional que garanticen la adaptabilidad y transferencia de los aprendizajes para el desenvolvimiento en la vida personal y laboral de los graduados de instituciones de educación superior.

Carolina España Chavarría

CAPÍTULO I
EDUCACIÓN Y SOCIEDAD DEL CONOCIMIENTO

La educación no es un producto que se consigue y ahí queda como un añadido terminado y acabado, sino que es un proceso dinámico. Las competencias no pueden entenderse como algo que se tiene o no se tiene, no representan estados o logros terminados, sino estados en proceso de evolución.

(Bauman 2007, p. 24, citado en
Gimeno et. al., 2008)

Los cambios ocurridos a partir de los años ochenta del siglo veinte fueron definidos por las transformaciones sociales y culturales que se dieron en la mayoría de los países, los cuales claman por una educación en donde se evidencie la centralidad del conocimiento para la vida como el eje de interés de la sociedad del conocimiento, haciendo referencia al contexto, a su función social, económica y política. Lo sustancial radica en la construcción de aprendizajes a partir de las ideas de cambio y de diversidad que la sociedad y las redes de contextos aprendientes en particular promueven.

Conforme los centros educativos, incluido el universitario, crecen y evolucionan, logran ampliar sus funciones para centrarse en la supervivencia de la institución como tal, para llegar a tener consciencia de las relaciones de interdependencia que guardan con los diferentes escenarios de la sociedad y su incidencia en el beneficio global.

Existe la necesidad de que los centros de educación superior emprendan la tarea de analizar sus procesos, metodologías y contenidos, como un paso fundamental para el logro de una educación de calidad coherente con las demandas que le impone la sociedad del conocimiento, término empleado para describir los cambios sociales en los contextos actuales donde el conocimiento tiene un peso y un valor sin precedentes, imponiendo cambios esenciales en los modelos de enseñanza para garantizar la formación del individuo a lo largo de la vida, al respecto Tedesco (2012) afirma que ese requerimiento "...se inscribe en un contexto caracterizado por las trasformaciones operadas por el sistema capitalista a nivel mundial" (p. 83).

Producto de la necesidad de entender el valor concedido al conocimiento como promotor del desarrollo del ser humano y de la vida con sostenibilidad, se ha creído necesario conocer el aporte de algunos autores (Margery, 2010; Calatayud, 2008; Gimeno, 2008; Marchesi, 2007; entre otros) dedicados a su estudio e interesados en darle sentido a lo esencial de la formación. De acuerdo con ellos se denota en sus obras que existe la necesidad de renovar el enfoque de educación existente (de corte transmisivo, poco retador, carente de profundidad de análisis, descontextualizado y escasamente funcional para la vida), por uno en donde se promueva el desarrollo de competencias en el estudiantado, como las herramientas requeridas para abordar los problemas que emergen del entorno, sirviendo a su vez, de objeto de interés que persigue el modelo de enseñanza-aprendizaje, el cual guiará los conocimientos por la vía de la significancia y el saber-hacer con pertinencia.

Lo anterior supone además tomar en cuenta que la educación basada en el conocimiento no se limita a un solo nivel en particular. Por el contrario, deberá ser parte de los intereses y contenidos que le dan vida a todo el proceso educativo, tal y como lo establece la Constitución Política de Costa Rica (1949) en su artículo 77 en donde se establece que: "La educación pública será organizada como un proceso integral correlacionado en sus diversos ciclos, desde preescolar hasta la universitaria"

En relación con las competencias del profesorado universitario, se incluyen algunas de las definiciones construidas por diferentes autores (todos de distintas nacionalidades incluida la costarricense), quienes, a pesar de su experiencia didáctico-cultural y de los estudios que han realizado (en su mayoría en sus países de origen), comparten una serie de ideas reveladoras de su preocupación e interés de dimensión global en torno al conocimiento, su construcción y despliegue en la vida como sustento del pensamiento elaborado.

El costarricense Enrique Margery, en su obra dada a conocer en el 2010, considera que entre los desafíos sustanciales enfrentados por la educación contemporánea está el replanteamiento de los enfoques de enseñanza tradicionalmente promovidos (destaca entre otros aspectos: la transmisibilidad, la desarticulación y la escasa aplicabilidad para la vida) por unos de profunda y consensuada reflexión, que reflejen un marcado interés por lograr que el estudiantado desarrolle las capacidades necesarias para aproximarse y enfrentar los desafíos del entorno "…sin ser asfixiado por la demanda del éxito (que anula la capacidad de correr riesgos)…" (2010, p. 99) logrando así dar respuesta de forma enérgica y acertada a los múltiples problemas que se le susciten.

De acuerdo con las palabras de Margery, es necesario transformar los enfoques de enseñanza actual por unos más acordes con las demandas que desafía el conocimiento para alcanzar una mejor calidad de vida, en donde el aprender para el sujeto sea provocado por su desconocimiento y falta de experiencia, acompañada posiblemente de una gran dosis de prueba y error, de manera que el éxito juegue un papel un poco confuso merecedor de cuestionamientos tales como, ¿por qué el agobio de alcanzarlo?, o ¿no es acaso un proceso de continua exploración y acción?, ¿cuándo empieza y cuándo termina el aprendizaje?, ¿quién tiene la potestad de fijar la meta? y si ¿es el éxito la meta o más bien es el fracaso que permite darse cuenta del error y poder así trabajar para enmendarlo?

Dar respuestas absolutas a estos cuestionamientos está lejos de ser posible, más bien, conduce a evidenciar la necesidad, según lo defiende Gimeno, *et al.*, (2008), para quien se tiene que configurar un modelo pedagógico que atiendan a las realidades que se viven en los entornos aprendientes. Para los autores consultados, la tarea se centra en transformar los procesos de formación para que los aprendientes puedan desarrollar conocimientos esenciales, en donde los enfoques en la enseñanza dejan de ser modas efímeras, difícilmente entendidas y débilmente llevadas a la escena; por el contrario, que logren convertirse en los hilos de los cuales se hilvana un discurso macro sobre la educación, sus retos, alcances y limitaciones.

La orientación metodológica a la cual apuntan las obras citadas, se liga al desarrollo de competencias en el individuo para que pueda tratar su vida de forma autónoma. Las experiencias y las actitudes desarrolladas en el seno aprendiente le permitirán movilizar sus recursos y capacidades (desde las dimensiones cognitivas, procedimentales y socio-afectivas) de forma asertiva y funcional para el desarrollo pleno e integral de su vida.

Adicionalmente, se afirma la existencia de algunos indicadores que provocan el debate educativo, especialmente aquellos ligados a los estándares de calidad (muchas veces asociados al eficientismo) y a la productividad del conocimiento (hacer uso de lo aprendido en el momento idóneo para beneficio individual como colectivo) construido en los procesos de educación formal en contextos que dejan de estar lejanos a las realidades del mundo y se convierten en un almácigo nutrido por las representaciones más significativas a las cuales se puede o quiere tener acceso, así como a las cualidades del aprendizaje (funcional, resolutivo, vivencial, simbólico-realista, profundo, indicador y problematizador, entre otros) promovido en dichos entornos.

Tal y como se demuestra, el aporte de Gimeno *et al.* (2008), reafirma un gran interés por evidenciar la necesidad de orientar los encuentros de la educación formal por la vía del desarrollo de competencias como un deber ser (el modelo o el ideal) del accionar didáctico, el cual se realiza de forma intencional, producto de su entendida y valorada importancia.

Los temas conceptuales y procedimentales (metodológico) que caracterizan los entornos aprendientes dejan de transcurrir de forma mecánica y antojadiza por el grupo docente y se renuevan los procesos de formación por unos en donde el conocimiento desarrollado es sostenible y posibilita la autoconstrucción de capacidades como herramientas que le permiten al universitario superar los desafíos impredecibles impuestos por el mercado laboral y la vida misma, construyendo conocimiento y no convirtiéndose en espacios en donde se reproducen las ideas como embriones de ideologías enlatadas por la sociedad dominante y con las cuales se dogmatiza y atomiza el creer y el hacer del ser humano.

El eje fundamental que le da vida a esta concepción educativa (enfoque de enseñanza por competencias) -al menos como propuesta de modelo pedagógico que reconvierte la percepción que se ha tenido de los encuentros de formación caracterizados por ser entornos en donde se cuenta lo que otros han dicho para ser enseñado- llega a su clímax cuando: a) contribuye de manera sustancial en la formación de una sociedad del conocimiento a partir de la promoción de aprendizajes que le facilitan al sujeto reconocer sus propias fuentes de sabiduría y b) promueve el desarrollo de diversas capacidades articulables con las distintas formas de elaboración, adquisición y difusión del saber existentes para su mejor aprovechamiento .

La necesidad de un saber renovado es también parte de lo que atiende Calatayud (2008), de acuerdo con ella, en la actualidad el contexto universitario está llamado a transformarse en un espacio que da y es vida, aprovechando el aprendizaje para una formación activa y realizada en conjunto con el fin de construir saber con funcionalidad, atendiendo a las necesidades impuestas por el desarrollo personal y profesional de los individuos.

La visión de Calatayud obliga a pensar en un contexto aprendiente transformado en el día a día, capaz no solo de replicar lo vivido en los diferentes escenarios sociales mediante simples interpretaciones, sino más bien, convertirse en medio para la ampliación del espacio público del conocimiento, promoviendo actitudes creativas e ingeniosas que permitan su reconstrucción, generando universos de vida transformados por los actores del proceso formativo, quienes dejarán de ser meros receptores para convertirse en edificadores de su propio entorno.

Pérez *et al.* (2009) consideran que todo cambio en la sociedad es responsable de marcar los contextos de aprendizaje educativos y los procesos de socialización de la ciudadanía. Como consecuencia, los temas que nutren y dan vida a la práctica pedagógica se derivan de las realidades que acontecen en el entorno, las cuales, por ser evolutivas, demandan un trato igualmente dinámico para su efectividad.

El dinamismo del que hablan los autores mencionados implica no solo transportar los significados del entorno a la vida de aula, sino también saber asociarlos entre sí para poder entenderlos y, a partir de ese entendimiento, descartar lo necesario y aprovechar lo que se considere oportuno y relevante.

Las posibilidades de interrelación y discriminación de saberes conducen a su asimilación, provocando su empoderamiento y desarrollo de un espíritu crítico, transformador y evolutivo, como condiciones claves para una formación en donde se prepara al individuo para vivir en comunidad y permanente búsqueda de un desarrollo humano sostenible.

Según lo abordado por Pérez *et al.* (2009), las renovadas formas de entender y valorar los procesos educativos donde el saber se construye como un bien público –reto clave que impone la sociedad del conocimiento a los contextos aprendientes- obligan a poner en marcha dinámicas de formación integradoras, ágiles y poco predecibles. Los sujetos, promotores y gestores de sus propios procesos de socialización se autoconstruyen como ciudadanos, desarrollando nuevos intereses a la luz de sus propias experiencias de vida.

El renovado abordaje de los temas de interés discente es la materia prima que nutre el hacer pedagógico. Su naturaleza podría ser a primera vista desconocida para quien es mediador del proceso. Su trato implica análisis y reflexión para poder ser entendido y abordado con la profundidad e intencionalidad que el aprovechamiento del saber compartido requiere.

Igualmente, Arnau y Zabala, (2008) apuntan a la formación del estudiantado como el proceso que está llamado a adecuarse a los diversos requerimientos del mundo actual, en donde el desarrollo autónomo, la capacidad de aprender a aprender, el autocontrol, el auto y mutuo conocimiento garanticen la inclusión social, la equidad, la subjetividad fundamentada y el respeto.

Esto llama nuevamente a la transformación de los modelos de enseñanza-aprendizaje, por otros basados en la construcción del conocimiento, el apoyo mutuo y el aprender a aprender, todos estos activos públicos que permitirán desarrollar diversas competencias de alto nivel, en donde la capacidad meta cognitiva –de autorreflexión- y la capacidad práctica de hacer funcionar el conocimiento, las actitudes, los valores y demás comportamientos sociales sirvan de herramientas para afrontar las situaciones problemáticas como desafíos del entorno.

Por su parte Goñi (2007) presenta en su estudio doctoral denominado: *Un Modelo Longitudinal e Integrado de Desarrollo de Competencias en la Educación Superior*, una visión de competencias más apegada a las capacidades esenciales que requiere el sujeto desarrollar desde una dimensión responsable y autónoma que le permitirá transferir su conocimiento cuando le sea necesario. Este autor las define como:

> Lo más habitual es hablar de las competencias como activos que adquiere el alumno para valerse en un nuevo y diferente escenario que le aguarda al término de sus estudios. Pero las competencias tienen también un valor inmediato, que no siempre se reconoce y que merece la pena destacar por dos motivos: en primer lugar, la formación en determinadas competencias, denominadas anteriormente instrumentales, es de gran utilidad para que el alumno transite sin traumas de la Educación Secundaria a la Superior. En segundo lugar, es útil incidir en ese valor más inmediato de la competencia si se pretende sensibilizar a los alumnos sobre su importancia y lograr un mayor grado de compromiso por su parte en su proceso de desarrollo (p. 121).

De acuerdo con Goñi (2007), para poder asegurar que una formación es congruente con las exigencias impuestas por la sociedad del conocimiento, en la cual no solo el saber técnico capacita para actuar de forma proactiva en la vida, es necesario el replanteamiento de los contextos educativos a la luz de las responsabilidades que la función docente está llamada a darle para su accionar. La edificación de capacidades intrapersonales en el hacer didáctico, específicamente en el universitario, permitirá la transformación del discente, quien está llamado a asumir su responsabilidad de auto educarse para poder reaccionar con claridad, fundamento y asertividad en cualquier contexto.

Este nuevo rol del profesorado amplía su formación y los procesos educativos al tener que incluir el proceso de autoanálisis para una transformación personal y profesional y lo obliga a desarrollar sus capacidades intrapersonales responsables de guiar y fortalecer su renovada función.

Ser llamado a construir humanidad –tarea fundamental de la docencia actual- no protagonizaba la agenda de la formación docente, en la cual los contenidos disciplinares han sido durante años los protagonistas del proceso, de allí la necesidad, como bien lo apunta Goñi (2007), de voltear ahora nuestra atención a la dimensión responsable y autónoma con la que se valore el conocimiento provocado por la mediación pedagógica.

Los retos de formar en la sociedad del conocimiento son múltiples, especialmente cuando la tarea supone transformarse al compás de las demandas del entorno, de las necesidades del estudiantado, de los estados de crecimiento que alcanza el profesorado, así como también, de los recursos humanos, financieros, administrativos y demás con que se cuente. Pensar en una sola lista de aspectos necesarios para desempeñar una función pedagógica de calidad, no solo es burlesco y contradictorio, sino pretensioso.

Para Colé, Imbernón y Giné (2006), la complejidad de formar en una sociedad cada vez más urgida de seres pensantes, sensibles, solidarios, plurifuncionales, además de otro conjunto de virtudes humanas, orienta a los docentes a desarrollar habilidades y capacidades profesionales, así como personales, para que a partir de estas realidades se construya conocimiento relevante y funcional.

Lo abordado por Colé *et al.* (2007) implica una reconstrucción de la práctica pedagógica en la que los aprendizajes potencialicen el pensar y el proceder del universitario. El desarrollo del currículo, a su vez, se deberá constituir en herramienta formadora de la autonomía, provocando conocimientos que mejoran el medio social producto de una adecuada vinculación entre teoría y práctica, así como de una eficiente interacción con el estudiantado, ambos elementos claves de la calidad educativa.

Según lo expuesto anteriormente, el contexto de formación universitaria se convierte no solo en un centro donde se piensa y se aprende, sino también se constituye en un espacio para la socialización, en donde lo que se comunica y se recibe determina, según su impacto en la vida humana (en todas sus dimensiones: social, personal y profesional), las actitudes tomadas para enfrentar los embates del entorno.

Los aprendizajes (fondo y forma) desplegados en los contextos de formación actuarán como referentes de vida para el grupo de estudiantes que de forma prolongada están siendo expuestos a ellos. Lo anterior no implica un grado de homogeneidad en los niveles de impacto, pero sí hace evidente su vinculación en la toma de decisiones de vida que el sujeto está determinado a asumir.

Sociedad de la información y sociedad del conocimiento

La necesidad de formar ciudadanos participativos y profesionales de calidad ha conducido al abordaje de este apartado. Fundamentalmente trata del impacto que la sociedad de la información tiene sobre la conducta y la educación de las personas, en los contextos de aprendizaje y los retos que esto significa para la función docente.

Estudios sobre los nuevos fenómenos sociales afirman que la sociedad de la información está caracterizada por los procesos tecnológicos (Brunner, 2003; Castells, 2002; Carnoy, 2002; Gardner, 2005; Tedesco, 1999; Trejo, 1996; entre otros). Asimismo, se afirma que las nuevas tecnologías de la comunicación (TIC) y su capacidad de conexión son las responsables de contribuir a mejorar la educación de la población y provocar el alcance de estados de madurez intelectual y social a partir de diversas competencias para producir, tratar, difundir y transformar la información en beneficio del desarrollo humano integral.

En tal sentido, hoy como producto del cambiante contexto socioeconómico, en donde el conocimiento, las habilidades y los valores son modificables con cierto nivel de facilidad, se considera que las acciones pedagógicas del docente deberán generarse acordes con el momento histórico. De ahí que su función llama a formar al estudiantado, particularmente para el autoaprendizaje sin verdades absolutas, sino más bien, orientadas por conceptos moldeables, dinámicos y dialécticos, validados científicamente a la luz de la realidad como responsable de contribuir a la construcción del conocimiento lejos de constructos informativos previamente establecidos sin un referente validado.

Desde la anterior perspectiva, economistas de variadas concepciones y de diversos países, coinciden en señalar que la economía de la nueva era de la información, según lo aclara Castells (2002), se basa en una penetración más profunda de la ciencia y la tecnología, las destrezas laborales y el conocimiento empresarial de gestión en los procesos productivos. Lo que se traduce, según el criterio defendido, en afirmar que cuanto más compleja es la economía, más información hace falta. Esto último debería no solo valorarse en términos de la cantidad de información que pueda circular, sino más bien, en los niveles de entendimiento alcanzados para que dicho flujo de información logre ser significativo y funcional para el usuario. Esto último toma relevancia cuando autores como Carnoy (2002) afirman que el éxito nacional en la competitividad internacional depende de la capacidad tecnológica, el acceso a un gran mercado en expansión y la capacidad de las instituciones nacionales para orientar el proceso de crecimiento. Significa que, de acuerdo con nuestra interpretación, la inversión en recursos humanos, sobre todo en las redes de educación e información, será fundamental para la creación de una sociedad del conocimiento y de la innovación.

En cuanto a la sociedad del conocimiento, obviamente está articulada con todo ese torrente de información que es su base neural y empírica, pero por su naturaleza epistemológica, comprende otras dimensiones mucho más complejas, las cuales se relacionan con el desarrollo social y ético, sin olvidar también el político, en ellas el reconocimiento de la diversidad y la identidad como conceptos y realidades culturales, son parte de sus elementos clave. De allí el afirmar que una sociedad que se nutre del conocimiento es aquella que valora su componente cultural, en donde el idioma y las costumbres que la moldean se constituyen en sus símbolos distintivos ante un mundo cada vez más universal y homogeneizador.

El rasgo distintivo del cual hace referencia la sociedad del conocimiento requiere de enfoques educativos que humanicen el proceso, especialmente en esta era digital, de conexiones masivas, de poco contacto físico, de lenguajes simbólicos entre otros.

Tedesco (1999) afirma que las nuevas tecnologías de la información (TIC) deben ser valoradas como herramientas a disposición de la acción formativa, constituyéndose en apoyo a la acción docente como garantía del balance que debe existir entre conocimiento y desarrollo. Por eso, se crea la capacidad del hacer didáctico -aquel transformado como fuente de desarrollo para todos los artífices del proceso capaz de minimizar la brecha de la desigualdad producto del abono de aprendizajes no elitizados.

El apoyo de las nuevas tecnologías de la información al proceso de enseñanza-aprendizaje, según Tedesco (1999), sobrevino en el tiempo producto de los cambios a los que se ha enfrentado la sociedad contemporánea, los cuales repercutieron en la forma de comunicarse, de entender y procesar lo que sucede. Para este autor, las TIC poseen un potencial social y educativo, puesto que impactan la formación del individuo, la concepción del conocimiento; así como el diseño de las instituciones sociales, incluida la universitaria. Significa, entonces, que, si la cultura está influida por la rebelión de las TIC, dicha revolución tecnológica también está penetrando la educación como instrumento que incide en los procesos de aprendizaje.

En el fondo, lo que se pretende al incorporar la tecnología como responsable de incrementar el acceso a la información de los estudiantes y docentes, es facilitar la construcción del conocimiento y potenciar el entusiasmo por la investigación y la creatividad y así repensar la educación (Papert, 1995).

La lectura de lo anterior obliga a re-conceptualizar la figura de sociedad de la información desde una renovada referencia a su protagonismo en el accionar educativo, en donde la noción de conocimiento se fortalece producto de su permanente intención por desarrollar la autonomía del individuo, entendida como la capacidad de movilizar el conocimiento según las necesidades que se tengan para dar respuesta pertinente a los retos que impone la vida.

La tecnología y sus bondades de interconectividad adquieren relevancia para la educación en cuanto dejan de considerarse como un fin en sí mismas y se les valora como un medio en función del desarrollo de las capacidades cognitivas y creativas del ser humano. Es decir, su importancia está asociada a su capacidad para divulgar información y enlazar a los sujetos sin límite de tiempo o espacio promoviendo aprendizajes en beneficio del desarrollo humano sin reparo de las diferencias sociales, económicas, políticas, entre otras.

El acceso al conocimiento facilitado por los espacios que genera la sociedad de la información deja de ser superficial, al suponer, entre otras cosas, la viabilidad de la construcción de capacidades para vivir con libertad, respeto, tolerancia, hermandad, igualdad y solidaridad.

Efectivamente, los valores humanos promovidos y edificados como resultado de la convivencia e interacción en los entornos virtuales suponen la incidencia en la forma en como los individuos conocen, entienden y hacen valer sus deberes y derechos. Por esa razón, se considera que las nuevas tecnologías no solo son de la información y de la comunicación, sino también del conocimiento para la vida. Por consiguiente, los teóricos afirman que las redes de la información constituyen la nueva morfología de nuestras sociedades y la difusión de la lógica que modifica sustancialmente la operación y los resultados de los procesos de producción, experiencia, poder y cultura.

La bandera que agita la comunidad digitalizada no puede verse aislada del aprendizaje promovido desde su funcionalidad para la vida; no obstante, su provecho es afín con los objetivos de formación que orientan la educación universitaria para el desarrollo pleno del ser humano.

Los retos de formar en la era de la información se agudizan cuando no se les asocia con la construcción del conocimiento. Según Trejo (1996), los cambios que influyen en el desarrollo del contexto actual son justificados por dicha sociedad desde la supuesta accesibilidad a la información, la cual se caracteriza por acumular y difundir bloques informativos, que prescinden, supuestamente, de la necesidad de entendérseles, sin que ameriten razonamiento, reflexión o debate, ya que sus contenidos parecieran no provocar lectura de sus intenciones, probablemente por su atrayente presentación y sus supuestos beneficios al colectivo, al cual enajenan como por hipnosis.

La necesidad de atender a la información como base de todo conocimiento, obliga a profundizar en lo que se entiende por sociedad del conocimiento y por sociedad de la información, de manera que se conozcan algunos de los retos de la docencia que se llevan a cabo en el momento de promover aprendizajes en la era de la información.

Para Canclini, (1995), la sociedad de la información está encarnada por los tecnócratas, quienes consideran que el desarrollo está basado en la información, la cual es responsable de contribuir a la mejora de los procesos productivos, proveerle oportunidades de crecimiento económico a la ciudadanía a partir del acceso a "trabajos inteligentes", interrelacionar a la población mediante redes sociales, descentralizar el Estado para que la población pueda acceder a este con mayor facilidad y abaratar los costos de los bienes como resultado de procesos de producción masivos.

En lo expuesto anteriormente se ha manifestado una postura de "desarrollo de sociedad" a la cual no es posible adscribirse, pues se está convencido de que la sociedad de la información podría no estar sustentada por el desarrollo del conocimiento a niveles superiores, caracterizados por complejidades extremas y orientados a encontrar formas idóneas para solucionar los problemas de los individuos (accesos informativos, relaciones interpersonales, transformaciones de las instituciones sociales y otros) como objetivos fundamentales de la educación universitaria.

En la actual era de la información, también conocida como era posindustrial, la evolución de la tecnología ha revolucionado el mundo laboral y cada vez más la fuerza bruta es valorada por debajo de la cognitiva, lo que en economía se denominaría "capital intangible" (las personas, su formación y los conocimientos que desarrollen y sepan hacer funcionar). Cabe mencionar esta diferencia, puesto que de la era industrial nació el proletariado, de la era de la información surge un colectivo reconocido y caracterizado por el manejo del conocimiento como determinante para destacarse y triunfar con plenitud en los diversos escenarios de la sociedad.

En la actualidad y producto de los cambios sociales motivados por la era informática, la productividad se tiende a medir en torno a la administración y funcionalidad que se le dé al conocimiento como figura de gran poder social y económico de modo que las personas y las instituciones lograrán posicionarse en el entorno con relativa ventaja, siempre y cuando, desarrollen el conocimiento que les permita sobrevivir y adecuarse a la nueva forma de conocer, entender, hacer y ser que reta la modernidad.

Tal y como se ha mencionado, a pesar de que algunos se beneficiarán de las bondades que implica formar parte de redes productivas en donde circulan, se comprenden, se construyen y se transfieren múltiples saberes. Muchos otros, según Delors *et al.* (1996), deberán conocer para entender, condición que al no cumplirse podría inducir a la ignorancia como una desastrosa forma moderna de exilio, imposibilitando a reaccionar de manera asertiva y con autonomía de pensamiento y acción, dando como resultado una marcada brecha social que se abre a partir del manejo de la información y de su entendimiento para saber actuar en el contexto preciso en conjunto con otras personas, frente a la incertidumbre, el azar, la presión de tiempo, entre otros factores contextuales.

Lo anterior convoca a la sociedad del conocimiento desde una perspectiva más humana, desde la cual el saber apropiado al contexto y a las necesidades de los sujetos le conceden un valor sin precedentes que permite aproximarse al entendimiento y reconocimiento de las desigualdades, de las interconexiones y de las ideologías vividas en los diversos escenarios de la sociedad. Al hacerlo, se evidenciaría un desarrollo sostenible del ser humano, que estaría siendo formado a partir de las necesidades que el entorno le presenta de manera responsable, significativa, funcional y pertinente.

Cada una de las anteriores cuestiones son parte de los retos que debe afrontar el colectivo educador en su práctica – aquellos asociados al desarrollo de la autonomía y de la comprensión del mundo-, en su afán por movilizar los saberes, evidenciar las prácticas sociales que llenan de sentido el aprendizaje y desarrollar competencias transdisciplinares que de acuerdo con Margery (2010, p. 66) "… trascienden los saberes y herramientas de una disciplina particular"(p. 66) y a su vez se asocian , según este autor, con la capacidad cognitiva, afectiva, conductual y de afrontamiento en situaciones de reto.

Lo anterior implica entender que toda construcción del conocimiento, incluidas, y, por supuesto, incluso las competencias (apoyadas en saberes de amplio espectro) y las capacidades (de espectro limitado, más afines a lo procedimental), no se logra de la noche a la mañana, por el contrario, responden a un auto y mutuo crecimiento del ser, el cual es de orden permanente, dinámico y re-construible. Así que el proceso para su desarrollo requiere ser promovido mediante el ejercicio y la práctica reflexiva, permanente, contextualizada y cuestionadora, en donde los aprendizajes son puestos a prueba en situaciones concretas y permiten que se conduzca una práctica pedagógica potenciadora de estados de intelectualidad enriquecidos por los aportes que ofrecen las nuevas TIC como una de las características más representativas de la sociedad de la información.

Por su parte González (2001), establece que el reto fundamental de la educación y específicamente de la práctica formativa es encauzar una formación orientada a promover y entrenar conductas, actitudes, sensibilidades e ideologías para la construcción de conocimiento que facilite procesar, analizar, descartar y resolver los enigmas que tanta información provoca en el sujeto, para su entendimiento, síntesis y posterior utilización en su vida personal y profesional.

Lo anterior exige otras consideraciones asociadas al alcance de los fines que promueve la universidad en la era de la información, las cuales dependerán en gran medida de la integración del cuerpo docente a renovados procesos de enseñanza; por consiguiente, quien primero debe aprender para luego promover aprendizaje es el docente.

Tal y como se ha evidenciado, el manejo de la información y la accesibilidad a las realidades mundiales ya no son aprendizajes exclusivos de la educación formal y en especial de la universitaria.

Las barreras de la desinformación se han roto producto de la globalización y se tiende a confundir al sujeto y se le lleva a creer en la "libre circulación de la información", afirmación no siempre cierta, puesto que el individuo suele acercarse a los bloques informativos afines a su entendimiento o, peor aún, a la sola atracción visual, posiblemente, por su carente competencia para entenderlos. Esto lleva a preguntarse: ¿Cuáles son entonces las responsabilidades docentes en torno al desarrollo de competencias en la era de la info-sociedad?, ¿existe un modelo por seguir en ese desarrollo?

Las responsabilidades docentes para una función amigable, significativa y funcional con los retos que impone la sociedad de la información no suponen derivarse de un modelo por seguir, aunque deberían ser afines a las intenciones de desarrollo que proclama la sociedad del conocimiento, en donde quien conoce y aprende no necesariamente es quien tenga un ordenador, sino, más bien, quien haya sido formado para saber ver, para poder sentir, para querer hacer con propiedad e integridad. De allí que su puesta en marcha no se dé en etapas, pues atiende a un abordaje del proceso que es integral y de acciones yuxtapuestas según se requiera.

Lo anterior no pretende cuestionar el apoyo de las plataformas cibernéticas a la función docente y propiamente al proceso de autoconstrucción del conocimiento, especialmente cuando se les liga a la consecución de objetivos como aproximar al estudiantado mediante el debido tratamiento didáctico a los bloques informativos de libre acceso y sobre los que le sea posible opinar. Además, debe permitirle incentivarle a que tenga control de los contenidos con los cuales genera interactividad, brindándole la necesaria realimentación para que pueda manipularlos e interrelacionarlos con otros de su interés para un abordaje interdisciplinar y complejo de los flujos de información con los cuales refuerza la autonomía y criticidad personal.

Tal y como se ha mencionado, las metas de formación docente suponen atender al control que la era de la información ejerce en la población. La creación y propagación de las redes sociales han generado nuevas formas de interacción humana ya no solo en contextos físicos, sino, también, en entornos virtuales, responsables de incorporar lenguajes universales transformadores de la herramienta lingüística que comúnmente se había utilizado.

Como consecuencia, el mundo de la tecnología y las nuevas formas de comunicación suponen una innovación en la función docente, la cual requiere el desarrollo de competencias diversas para su ejercicio. Esto significa, como lo señaló el sociólogo chileno Brunner (2003), desarrollar la educación a partir de los cambios de base tecnológica que están ocurriendo en el manejo de la información y el conocimiento.

La anterior afirmación destacada por Brunner más de diez años atrás, nos encamina a pensar que el conocimiento de la tecnología de la computadora no deja de ser un gran aliado de los docentes a la hora de querer mejorar su trabajo cotidiano. Los deberes en la función docente se han caracterizado por esas largas y tediosas tareas en donde se supone que debe informarse, decidir, reflexionar, conocer, explorar, jugar y disfrutar para abrir nuevas posibilidades de crear ambientes interactivos en el aula y con ello generar diversos campos de aprendizaje en las ciencias, idiomas, artes, escritura, música, danza, entre muchos más.

Se debe velar porque la promoción de aprendizajes no se disocie de la realidad contemporánea, es decir, que el tipo de mediación pedagógica promovida se planifique y construya a partir de dispositivos y secuencias didácticas requeridas para el desarrollo del conocimiento autónomo.

Lo anterior invita a preguntarse ¿cuál papel juega la función docente en la universidad moderna?, ¿cómo se pueden afrontar los retos de educar en la era de la información? y ¿cómo hacer protagónica y necesaria la figura formadora?

Para dar respuesta a las preguntas anteriores hay que tomar en cuenta que la función docente está condicionada a promover aprendizajes en ambientes transformados por las nuevas tecnologías de la información, lo que lo reta a convertir su práctica pedagógica en el medio por el cual el cúmulo de información logre transformarse en conocimiento significativo para la vida y así minimizar el riesgo de deslegitimación y descalificación de la educación promovida.

El enseñar al colectivo estudiantil a aprender en un mundo caracterizado por el manejo de la información, en donde se esté en capacidad de tomar riesgos, de experimentar, reflexionar y estar abiertos a cuestionamientos, no resulta nada fácil, mucho menos cuando el grupo docente es medido de acuerdo con los niveles de respuesta alcanzados por el universitario, quien a su vez es el responsable de buscar, seleccionar y discriminar entre el arco iris de información a su alcance.

Se valora como esencial que las instituciones de educación superior no se limiten a invertir en tecnología, sino también a formar al cuerpo docente para que del manejo de equipos tecnológicos y de la información obtenida de ellos y de otros medios resulten aprendizajes que acompañen al individuo de forma sustancial a lo largo de la vida.

Consecuentemente, la generación de una cultura docente con predominio del análisis, la reflexión y la investigación para saber procesar y seleccionar los temas más relevantes según las realidades del mundo contemporáneo se impone. El procurar que los contenidos sirvan como medios que conducen al desarrollo de competencias será lo fundamental de la tarea educativa.

Al respecto, Gardner (2005) afirma que el educador deberá sentirse responsable de contribuir al desarrollo de mentes que pongan de manifiesto los fines de la educación que proclama la universidad de la información, dirigida al desarrollo de competencias para procesar, analizar, sintetizar y aplicar la masa de información que se presenta para hacerla funcionar.

De modo que, las competencias docentes requeridas para la promoción de aprendizajes en el ámbito universitario no sean del orden didáctico de la informática, del mercadeo o de la publicidad. Por el contario, el profesorado de la era de la información está llamado a desarrollar competencias que le permitan convencer al estudiantado de que los aprendizajes promovidos en el salón de clase le serán útiles en la vida, pues aprenderá a conocer, a aprender, a hacer y ser en y para la vida; razón clave que motivará al estudiantado a no desertar del quehacer aprendiente que el ambiente universitario le aproximó.

Por tanto, la universidad y en especial su cuerpo docente no pueden ni deben aislarse del contexto mundial en el cual están inmersos y al que sirven, en donde las formas de organización social, cultural, económica y política están mediadas por las nuevas tecnologías de la información y de la comunicación.

La educación está llamada a servir de filtro para canalizar los efectos cognitivos y sociales que los medios de comunicación tienen en las decisiones del estudiantado para promover aprendizajes que permitan sobreponerse a las influencias ejercidas por la cultura dominante sin alejarse de lo que acontece en la realidad, siempre alerta con una visión innovadora para seguir aprendiendo de los desafíos que impone la sociedad de la información.

Además, las formas de convivencia generadas en los entornos aprendientes y de vida en general, se constituyen en otra más de las tareas que deberá asumir el docente como mediador activo de un proceso integral de desarrollo humano, cubriendo tanto el área cognitiva como las socio-emocional y motora.

El proceso de aprendizaje, afectado por una errática forma de concebir el predominio de las TIC en el trascurrir de la vida, personal y profesional, podría estar estimulando relaciones individualizantes en los estudiantes y una tendencia a debilitar la interacción personal.

Para la sociedad de la información asumir un contacto a través de monitores no es cuestionado, por el contrario, se le concibe como una manera idónea de iniciar procesos de acercamiento, los cuales, aunque poco congruentes con las manifestaciones físico-afectivas comúnmente asociadas con el desarrollo socio afectivo del ser humano, son cada día más populares y socialmente aceptadas y valoradas.

Además de afectar el desarrollo de pensamiento y el accionar creativo, el acceso al mundo de las tecnologías de la información, tal y como se ha mencionado, impacta también el desarrollo socio afectivo del estudiantado. El reto del profesorado será auto educarse para aprender a conocer los significantes que les dan vida a los valores de dicho colectivo, sus realidades culturales modeladoras de preconceptos, sus estereotipos de profesional-ciudadano y el porqué de ellos. Todo esto con el fin de garantizar pertinencia y significancia del saber y el hacer educativo, tal y como externa Perrenoud, (2005, p. 107): "Si la escuela ofrece una enseñanza que ya no resulta útil en el exterior, corre el riesgo de descalificarse".

El llamado de Perrenoud a la función docente exige una estrecha vinculación entre lo que acontece en el hacer-didáctico y lo que se vive en el día a día. El aprendizaje promovido es para actuar en la realidad, considerando el impacto de los medios de comunicación masiva sobre las distintas apreciaciones estereotipadas del grupo estudiantil, muchas veces producto de una publicidad televisiva y cibernética, la cual según Arens (2003), ha sido "largamente criticada por su insensibilidad ante los problemas de las minorías, las mujeres, los inmigrantes, los discapacitados, y muchos otros grupos" (p.53).

De esa manera, se pretende emprender la búsqueda de nuevas formas para construir conocimiento como otros de los múltiples retos que deberá atender la formación universitaria. Sus objetivos deberán centrarse en evitar que el sujeto en formación se convierta en un ser individualista, atomizado, sometido a un control tecnológico y técnico y, más bien, que sea él quien tome la dirección de su pensamiento y de su accionar. Pero ¿cómo lograrlo?

La universidad contemporánea está llamada a transformar su planeación curricular por una que contemple el desarrollo de competencias dirigidas al fortalecimiento del auto concepto, la auto protección, la auto conducción y la autovaloración del

aprendiente, con el fin de que sea una realidad el alcance de la autonomía personal, demanda crucial de la sociedad del conocimiento.

La importancia de desarrollar las anteriores competencias
radica en que: *el auto concepto*, abre la posibilidad de conocerse
a sí mismo, como proceso integral que abarca ideales, alcances,
limitaciones; Permite de manera reflexiva, responsable y significativa, actuar sobre y para su persona, facultándole para tomar
decisiones de manera mucho más asertiva en beneficio propio.
La *auto proyección* permite tomar decisiones de vida futura producto de un gran convencimiento de la capacidad con la que se
cuenta; su consecuencia está vinculada al desarrollo de la madurez
de pensamiento y conducta, ambas alcanzadas por la capacidad
de la auto conducción, el auto concepto y la autovaloración. *La
auto conducción*, liga su alcance a la posibilidad que tiene el sujeto
de dirigir su pensamiento y actuación según las valoraciones realizadas producto de la autovaloración; atiende los juicios de valor
construidos para no caer en contradicciones entre el pensar, el
sentir y el actuar. Por su parte, *la autovaloración* conduce a un
estado de aceptación de la persona en donde se exalta lo positivo
sobre lo negativo, se promueve la confianza intrínseca en el sujeto
y lo faculta para enfrentarse a retos mayores, responsabilidades
más complejas o simplemente emprender proyectos de vida con
una actitud dispuesta al logro.

Como consecuencia, la tarea fundamental del docente,
como aprendiz técnico y social, está sujeta a la vinculación lograda
entre teoría y práctica como la vía para construir la identidad personal, la visión de mundo y el empoderamiento social y cognitivo
de sus estudiantes. El sedimento cognitivo lejano de la artificiali-
dad del contexto académico, le garantizará al universitario su desarrollo autónomo, a nivel intelectual, profesional y personal.

Se cree en la importancia de tener presente que la información solo favorece el desarrollo de competencias para la autonomía

y el control cuando es entendida. El saber qué hacer con el conocimiento desarrollado de forma precisa y asertiva es revelador del paso a niveles superiores de intelectualidad y su alcance está sujeto a procesos pedagógicos caracterizados por ser interactivos y dialógicos, en donde la función formativa se centra en posibilitar la autonomía del pensamiento, del sentir y del actuar.

Igualmente, la función docente deberá facilitar la autoformación del estudiantado, la cual se logrará mediante la dotación de mecanismos que le permitan al educador constituirse en receptor crítico de la información y de los medios a los que tiene acceso, producto de las estrategias pedagógicas promovidas para promover la coherencia y la integración de la información recibida, así como su movilidad y transferencia del contexto de aula al real, el de la vida.

Tal y como se ha evidenciado y lo corrobora Marco (2008), lo fundamental para trascender de la sociedad de la información a la del conocimiento será el valor que se le otorgue al tipo de ser humano que demanda la sociedad actual, sus capacidades y habilidades para desarrollar autonomía personal, interactividad y comunicabilidad). Estas últimas consideradas como las competencias requeridas para poder movilizarse con significativa propiedad en un mundo caracterizado por su alto grado de diversidad, complejidad, atemporalidad y ruptura de espacio como consecuencia de los contextos virtuales.

Desarrollo social y educación superior

La responsabilidad social universitaria a la luz de un planteamiento del conocimiento y de la información como fuerzas productivas es el asunto tratado en este apartado. Se pretende evidenciar el complejo reto que deberá asumir la educación superior de cara a las demandas que tiene el conocimiento en el siglo XXI y su relación con el papel de la ciudadanía en el trato de las cuestiones que emergen del entorno. El abordaje de la temática se realizará con el apoyo de teóricos como Zabala (1999); Oliva y Herson (1989); Stenhouse (2004); Torres (2006) y Santos (2001), quienes asumen posturas ideológicas y morales acordes con el fin de la investigación con la que se pretende examinar analíticamente las competencias del docente universitario para el ejercicio de su función y el impacto de ellas en la construcción del conocimiento para la vida.

Referirse al desarrollo social y su vinculación con la educación superior obliga a analizar las responsabilidades ético-profesionales que le competen como institución social y emblemática para asegurar el avance, desarrollo y fortalecimiento de la vida en todos sus escenarios.

La universidad tiene el compromiso de mantenerse autónoma y proactiva ante las presiones ejercidas por los poderes políticos y económicos con los que se supone está articulada. Los centros de educación superior no deberán conducirse a un distanciamiento ni al aislamiento de las realidades del entorno, puesto que son parte fundamental de las vivencias de aprendizaje por promover en su contexto.

Autores como Zabala (1999), afirman que:

…las grandes respuestas sobre el sentido de la educación y que se concretan en el tipo de ciudadano o ciudadana que queremos formar, son las razones de fondo que se planean en este debate y que configuran una determinada jerarquización de los saberes y su forma de presentarlos y organizarlos (p. 39).

Es decir, el aprendizaje promovido en los contextos de formación amerita un consensuado replanteamiento a partir de nuevas formas en el trato del conocimiento y su vinculación con la realidad. Creer que la práctica la conduce solamente un manual teórico sería afirmar que la vida misma (sus costumbres, normativas, simbolismos, problemas y otros) no constituyen materia prima importante para promover aprendizajes significativos de los que se construya conocimiento.

La universidad desde una transformada ética organizativa enfrentará el reto de disponerse a la formación de personas para el desarrollo de capacidades con las cuales se les acredite como sujetos sensibles a los problemas del entorno, comprometidos con el desarrollo de su comunidad, garantes de la inclusión social de los más vulnerables, custodios de la accesibilidad del conocimiento, respetuosos de la condición humana por sobre la material, agentes de transformación y personas creativas en la articulación de su profesión con las demandas y necesidades de su entorno (Oliva y Henson, 1989).

En consecuencia, surge la necesidad de construir un modelo educativo que se aproxime a las realidades del medio, en donde el proceso de socialización escolar, la promoción social y el desarrollo personal facilitarán la construcción del conocimiento autónomo y reflexivo producto de los principios éticos y las bases teóricas que permitan fundamentar, conocer y entender las realidades que surgen de la vinculación Estado-Sociedad (Tedesco, 1999). Entonces, ¿estaremos hablando de un cambio de modelo educativo? ¿Cuál sería ese modelo? ¿Qué tipo de formación se busca?

El modelo educativo transformado, según Gimeno y Pérez, (1992), se define como aquel que es guía de la práctica pedagógica, es gestor del proceso de enseñanza-aprendizaje desde y para un contexto determinado y es producto de un saber hacer democrático; además, refleja los principios éticos, de equidad y sostenibilidad que garantizan la construcción de conocimientos y se basa en aprendizajes autónomos con impacto social, propositivos y resolutivos; por lo tanto, es un modelo que lleva a preguntarse: ¿qué implicaciones trae esto a la práctica docente universitaria? ¿Existirá alguna guía para el hacer universitario?

Lograr una práctica pedagógica amigable con los retos que impone el entorno, le exige a la universidad tomar conciencia de su nueva gran responsabilidad como motor del desarrollo local y nacional, y le impone un replanteamiento de su misión y visión para mantenerse legitimándola (Stenhouse, 2004).

La sociedad desafía la función universitaria dejando claro que ya no es solo la formación de profesionales de calidad para el mercado de trabajo lo que deberá preocuparle, sino también el análisis de los modelos sociales, los cuales deberán ser reflexionados sistemáticamente para que se ejecuten e institucionalicen mejores prácticas sociales como parte fundamental del saber hacer universitario, de manera que se saquen a la luz las realidades de la vida para transformarlas en aprendizajes que permitan, según Delors (1996), *aprender a aprender*, como la ruta a la autonomía del ser.

Asimismo, Torres (2006) apunta a un interés de la sociedad para que la educación contribuya a formar sujetos libres de pensamiento y de accionar a partir de las decisiones tomadas en su preparación para la vida.

La implementación de una filosofía de trabajo como herramienta para la organización, capacitación, orientación y promoción de saberes interdisciplinarios se facilita y se construye a partir de un enfoque pedagógico orientado al desarrollo de competencias. Esto permite el desarrollo de saberes claves para funcionar en la vida de manera pertinente, además de alcanzar la autorrealización del sujeto. Aunado a este proceso, es necesaria la fundamentación de criterios para la toma de decisiones ante situaciones-problema que permitan a su vez la construcción de proyectos a favor del desarrollo personal y profesional del colectivo.

Lograr una transformación en el enfoque de enseñanza promovido por la universidad supone constituirse en una figura más allá de un simple nicho de cultivo para el conocimiento.

Convertirse en una institución que aprende, que indaga, que reconoce y reconduce su accionar será la clave según Santos (2001, p.67), "para que la escuela que enseña se convierta en una institución que aprende". Esto nos lleva a pensar en la necesidad de que la universidad no solo asuma el reto de vincular su hacer con los asuntos que le aquejan a la sociedad, sino también que sea ejemplo de comunidad reflexiva, en donde se logre implementar una estrategia o plan de acción educativo promotor de la reflexión-acción de todos sus artífices. Por tal motivo, las universidades están compelidas a organizar su trabajo académico en torno a las necesidades de transformación de las sociedades y están llamadas a asumir el liderazgo del cambio de mentalidades.

Por eso, los centros de formación superior están llamados a velar por la organización, estructura y procesos generados en los ambientes de aprendizaje, elementos fundamentales para construir conocimiento dentro y fuera del aula. La evaluación, así como su transformación y seguimiento (en cuanto a la pertinencia, significancia y funcionalidad con la que se aborde) serán la clave para su movilización del plano controlado (el aula) al plano que es impredecible (el contexto real, la vida).

La importancia de la indagación y el análisis en la enseñanza superior podría contribuir a romper con prácticas pedagógicas reproductoras, transmisoras (se enseña en la forma como el docente piensa y aprendió en el momento que se formó en la universidad), acríticas (no ameritan lectura profunda, no provoca desacuerdos, es dogmática), promotoras de aprendizajes de corta vigencia y movilidad. Así, cuando el estudiantado ingresa al mundo y construye futuro, el conocimiento promovido ya no le será útil, puesto que no sabe recrearlo para que atienda a sus nuevos desafíos, es decir, perdió validez y vigencia, el peso que le significó aprenderlo durante los años de estudio fue superior, dado que, en la realidad laboral, corresponde a una pequeña parte de lo que necesita saber, todo lo demás le es extraño ya que debe enfrentarse a temáticas y saberes nuevos.

Lo anterior se asocia a afirmaciones como la de Perrenoud (2005, p.33): "toda enseñanza debería ser estratégica, concebida en una perspectiva a largo plazo, en el que cada acción se decide en función de su contribución esperada en la progresión óptima de los aprendizajes de cada uno". Por tanto, es urgente viabilizar una formación guiada por un enfoque de enseñanza, que aborde temas vitales para afrontar los retos impuestos por la realidad socio-histórica. No obstante, lo importante, no es referirse a la necesidad de un modelo determinado de enseñanza, sino atender al discurso que se maneja de él, pues es así cuando se logra impactar la práctica pedagógica.

Desde esta perspectiva, se debe tener capacidad para saber cuáles medidas se deben tomar, y si debe o no cambiarse el modelo pedagógico al servicio de la educación universitaria o analizar si los docentes están preparados para asumir dichos retos, en ese caso, cómo se forma al docente para el reto de un nuevo modelo pedagógico, para la innovación y para el desaprender.

Pensar en una respuesta acertada y única es creer que la solución está en un cambio del modelo (su diseño, implementación), pero al parecer la realidad tiene muchas otras aristas. Proponer cambios de índole educativo para que surtan efecto podría no ser suficiente; realidad que se confirma con los principios que le dan vida al modelo pedagógico, para este caso en particular el publicado en la página electrónica de la Universidad Nacional de Costa Rica (www.una.ac.cr), el cual considera que su efectividad está sujeta al nivel de compromiso y construcción participativa alcanzada por toda la comunidad universitaria, lo cual lleva a pensar si será, entonces, parte de su cultura educativa la que merece un renovado trato.

Toda transformación en la política y práctica educativa supone ir de la mano del convencimiento de quienes la han de promover a partir del tipo de cultura desarrollada. No obstante, aunque el progreso del conocimiento está ligado a una cultura educativa, esta podría ser el resultado de ideas convertidas en acciones que se fosilizan y profesan sin un debido y continuo análisis del cual deriva su necesaria reconstrucción. El tipo de socialización que se desarrolla en los centros educativos no surge de la nada, es el resultado de formas de ser moldeadas por años y socialmente concebidas como ordenanzas que condicionan la formación y consecuentemente el ser del individuo.

Sin embargo, así como la cultura educativa es construida como parte del actuar en sociedad, igualmente podrá ser transformada y reconducida, puesto que enriquece e influye en el accionar del sujeto. Por esa razón, Freire (2002) no la considera una limitante para el sujeto, por el contrario, él establece que su finalidad radica en permitirle el desarrollo de la razón y el entendimiento a partir de un manejo global del conocimiento que aclare las problemáticas del entorno. Entonces, ¿cómo poder moldearla para obtener sus beneficios?

Se entiende desde autores que han abordado el tema como Freire (2002), Gibbons (2000), Gimeno (2008), Hargreaves (2003), Imbernón (2005), Le Boterf (2010), Marchessi (2007) Monereo y Pozo (2003), Pérez *et al.* (2009), Perrenoud (2005), Roegiers (2007), entre otros, que, para transformar la cultura docente, el nuevo tipo de formación teórica y profesional deberá provocar sinergia de saberes, a fin de que la teoría y la práctica se produzcan de forma significativa y reveladora de la realidad social.

Asimismo, las singularidades del tejido con el que se hilvana la universidad, impactan de manera directa la forma en que su cuerpo docente construye su identidad profesional, lo cual obliga a prestarle atención a los ambientes en donde este proceso se efectúe.

De manera tal, y apoyados en el aporte teórico que brindan Ruiz, Martínez y Valladares (2010) y Tedesco (2012), entendemos que el contexto universitario promotor de una renovada cultura docente supone contemplar entre otras las siguientes características:

a) *Constituirse en un espacio libre de prejuicios y ejemplificaciones utópicas.* Se establece como una ecología llamada a construir conocimiento a partir del análisis y el contraste de las realidades, estimulando al cuerpo docente a salirse del ámbito academicista y aprender de forma directa y vivencial lo que en otras instancias igualmente profesionales requieren y demandan (facilitando pasantías, habilitando horarios compartidos entre la universidad y la empresa, permitiendo que se integren cuerpos colegiados, juntas directivas, así como otros, en donde represente a la universidad con voz y voto).

b) *Fundarse como semillero para el cultivo de actitudes democráticas que contribuyan al desarrollo de la autonomía personal.* Su intención será fomentar la capacidad para pensar y actuar desde el empoderamiento de la razón y la convicción con desmedido apoyo que la integración de saberes puestos en acción lo provoca (tomar decisiones para solucionar situaciones problema a nivel complejo, dentro y fuera del seno de aula).

c) *Ser gestor de un proceso formativo en donde el accionar pedagógico es promovido desde la investigación.* Supone que la investigación no sea vista como un área del trabajo universitario aislado, sino como un complemento, un insumo y una guía del proceso, solo esto adoptaría una naturaleza indagatoria de resultados mejorables, producto de su inevitable evolución e interés por impactar los procesos pedagógicos. Lo primordial será construir conocimiento permanente, funcional y liberador, a partir del desarrollo de las capacidades requeridas para reconstruir, validar, desechar o transformar la teoría y las realidades del entorno.

Atendiendo a este último aspecto referido a la investigación y su importancia en la promoción de una función pedagógica significativa y de gran potencial para transformar al individuo (docente y discente), su empleo orienta el desarrollo de competencias para el aprovechamiento de las potencialidades humanas (profesionales y personales) y su función para contribuir a la movilización de las capacidades y habilidades de forma pertinente y funcional. Es decir, la investigación es responsable del desarrollo social, puesto que funciona como guía del proceso formativo y es pieza clave para el desarrollo profesional y personal del sujeto, así como de la nación. Esta última afirmación es respaldada por la publicación del periódico La Nación del 24 de enero del 2012 en su versión digital, la cual indica como justificante para emprender iniciativas de la inversión en investigación para el desarrollo:

> Cuatro décadas atrás, la inversión de Costa Rica y Corea del Sur en actividades de investigación científica y desarrollo tecnológico no superaban el 0,4% del producto interno bruto. Hoy día, Costa Rica sigue manteniéndose alrededor de ese porcentaje mientras que el país asiático evolucionó alcanzando niveles superiores al 3%. Los resultados de haber tomado uno u otro camino son contundentes: el ingreso nominal

per cápita de Costa Rica en esos 40 años pasó de US$540 a US$6.345, mientras que el de Corea paso de US$278 a US$17.074. (Rojas, 2012).

Asimismo, la investigación facilita el análisis de la práctica y le permite al docente fundamentar su accionar desde una dimensión que va más allá de la producción de "buenos resultados académicos, la evitación de conflictos, el mantenimiento del orden y de las costumbres" (Santos, 2001, p. 38). Por tanto, permitir que la indagación impregne el proceso formativo conduce a que la reflexión y su práctica sean valoradas como esenciales para el entendimiento pleno de la vida y para la evolución de la educación universitaria hacia niveles superiores de calidad.

Seguir creyendo que el ejercicio de la función formativa es por sí solo dador de sensatez, se constituye en piedra que obstaculiza la transformación de la educación superior, ya que, en el mundo del aula, nunca se podrá sustituir el espacio en el que se investiga, pero sí puede convertirse en un laboratorio de aprendizajes que se comprueban, se refutan y se transforman.

Es necesario de una vez por todas entender que para reorientar todo proceso hay que someterlo a un consensuado análisis para que la reflexión sobre la actuación permeé el pensamiento y la actitud. Asimismo, la sistematización de su desarrollo y efectividad permitirá no caer en modelos de enseñanza y aprendizaje fosilizados que den cabida a una mala praxis y guarden silencio ante ella.

De tal manera, que el conoce docente y discente no podrá sustraerse de una promoción de aprendizajes globales que conduzcan a interrelacionar asuntos de formas diversas. Para Monereo y Pozo (2003), la ampliación simultáneamente del corpus del conocimiento permite sedimentar criterios producto de la construcción de teoría a través de la práctica.

Se está claro tal y como lo indica Torres que: "La inter-disciplinaridad es fundamentalmente un proceso y una filosofía del trabajo que se pone en acción a la hora de enfrentarse a los problemas y cuestiones que preocupan en cada sociedad" (2006, p. 67). Por consiguiente, es importante asumir la construcción del conocimiento como un proceso enriquecido y fortalecido por múltiples visiones lideradas por la investigación-acción. La dinámica de análisis, exploración y funcionamiento del conocimiento permitirá el desarrollo global del sujeto, potenciando su madurez y compromiso ético-social.

A pesar de los múltiples aportes de la investigación a la práctica como herramienta que conduce el acto pedagógico, su protagonismo no puede ser garantizado a no ser que forme parte de las ideas que conforman el discurso del colectivo docente sobre su función formadora. Al respecto Zabala (1999) asegura que: "… cualquier propuesta encaminada a conseguir que alguien aprenda está condicionado o determinado por una idea, consciente o inconsciente, de persona y de sociedad" (p. 36).

Partiendo de esta premisa, se cree determinante que los discursos se sometan a reflexión crítica a la luz de los temas que agitan la sociedad como parte fundamental para garantizar la calidad en la función educativa, la cual tiene como auténtica razón de ser "preparar a los ciudadanos y ciudadanas para comprender, juzgar e intervenir en su comunidad, de una manera responsable, justa, solidaria y democrática" (Torres, 2006, p. 20)

Si la educación tiene como propósito la formación de las personas para que interactúen en sociedad de forma proactiva, entonces, es de suponer que se derive de un currículo distante de la tradicional visión fría e instrumental de la profesión y, más bien, se oriente a promover la crítica, el análisis, la inventiva y demás características que fundamenten su razón de ser como la orientación pedagógica responsable de fortalecer criterios profesionales y convicciones personales oportunos.

El análisis de la política curricular a la cual se adscribe la educación superior es uno más de los retos que ha de asumir junto con la estructura de su funcionamiento la universidad.

En este sentido, se requiere analizar la estructura del funcionamiento universitario y someter a consideración su reforma, por cuanto la institución tendrá que velar por el debido accionar de su gestión interna, la cual estaría impactando la acción pedagógica y la formación permanente del profesorado y alumnado, producto de la dicotomía que subyace del currículo oculto y el explícito, ambos definidos por Torres (2005), quien los describe indicando lo siguiente:

> El currículo explícito u oficial aparece claramente reflejado en las intenciones que, de una manera directa, indican las normas legales, los contenidos mínimos obligatorios o los programas oficiales, como los proyectos educativos de centro", a su vez "el currículo oculto hace referencia a todos aquellos conocimientos, destrezas, actitudes y valores que se adquieren mediante la participación en procesos de enseñanza y aprendizaje, en general, en todas las interacciones que suceden día a día en el aula y centros de enseñanza (p. 198).

Tanto el currículo oculto como el explícito requieren de análisis y reflexión. Su calidad de instrumentos orientadores del discurso y de las acciones educativas promovidas por los artífices del proceso define el trato y la relevancia concedidos al proceso de enseñanza-aprendizaje para la construcción del conocimiento.

Por tanto, el análisis de la organización universitaria y sus intenciones conduce a evidenciar los niveles de acercamiento con la comunidad universitaria, elemento significativo para lograr no solo formar en ella, sino también de ella, es decir, transformándose en modelo de micro-sociedad que el profesor y la universidad como entidad educadora deben llevar de la mano del currículo ofertado, en el cual según Stenhouse (2004, p. 93), "...se construye y se gestiona el conocimiento" como elemento crucial de la formación promovida. Ahora bien, ¿cómo poder evidenciarlo?

La relevancia otorgada al conocimiento en las ofertas curriculares promovidas por la educación superior se concreta en la práctica, en aquellas acciones promotoras de un desarrollo holístico del sujeto en donde el compromiso social y ético alcanzado le permita desarrollar madurez, tanto intelectual, como personal. Consecuentemente, se piensa en la concreción de una práctica pedagógica significativa y funcional para el universitario y la sociedad como lo trascendente. Ahora bien, para tal propósito debe existir un modelo que guíe dicha función, planes de estudio que lo hagan visible y un cuerpo docente con voluntad y formación que lo lleve a la práctica. Para ello se debe analizar si existe algún orden de jerarquización en el momento de abordar cada uno de estos deberes, así como un apoyo de gestión y organización institucional a tono con los desafíos que dicha tarea impone, puesto que según Camacho (2012) en el artículo recuperado de la revista digital Gestión de la educación de la Escuela de Administración Educativa de la Universidad de Costa Rica:

> La administración de la educación asume un papel estratégico y relevante en el desarrollo de los procesos de enseñanza-aprendizaje de las organizaciones educativas; no es posible concebir la desarticulación de estos procesos con los objetivos institucionales desde la gestión de la educación. De ahí, que la administración de la educación está llamada a ofrecer las condiciones institucionales y liderar los cambios organizacionales necesarios para que las diferentes propuestas educativas se desarrollen en forma óptima y, de esta forma, aportar al mejoramiento de la educación en general (p. 2).

Hablar de prioridades en el deber-hacer sería pensar en un proceso fragmentado, que señala culpables sin llegar nunca a la solución del problema. Sin embargo, los procesos de formación universitarios se constituyen en una importante preocupación de quien inicia la vida universitaria. Lo que apremia para este colectivo estudiantil es la acertada toma de decisiones (en su mayoría inicia desde una temprana edad) que deberá hacer como garantía de una vida profesional y personal de calidad, así lo constata la revista SUMMA (febrero, 2012), "Escoger una carrera universitaria es la primera decisión importante y trascendental en la vida de cualquier persona, pues marcará su futuro profesional. Decidir entre lo que el mercado necesita y las carreras tradicionales es un reto fundamental en el cual se debe trabajar" (p, 75).

Las decisiones que tome ese estudiante novel serán fundamentales y en algunos casos hasta irreversibles, las cuales están sujetas a sus capacidades, sus intereses y al derecho que se le otorgue de saber a ciencia cierta cuáles serán sus oportunidades de desarrollo, información que obtendrá de lo observado y comentado (producto de realidades profesionales que conozca, los deseos provocados por su orientación familiar, la ilusión por alcanzar una vida promovida desde los medios de comunicación masiva, entre otros) y lo ofertado en los planes de estudio que se le facilitan al ingresar a la vida universitaria. Cabe entonces preguntarse, ¿cuál es la cuota de responsabilidad universitaria para la toma de decisiones de dicha población estudiantil?

Tal y como se ha expuesto, son muchos los elementos en juego que determinan el ingreso a la vida universitaria, no obstante, la responsabilidad social institucional pareciera estar centrada, desde un inicio, en garantizarle a su población discente caminos claros, efectivos y funcionales que recorrerá para alcanzar con éxito sus metas.

Por eso, la importancia que conllevan la planeación y el diseño cauteloso y bien logrado de los procesos de acompañamiento no solo cognitivo, sino también psicosocial del estudiantado, así como de las ofertas de estudio, documentos (de acceso libre, físicos o en línea) en donde se plasman las mallas curriculares y los perfiles de salida, se constituyen en información crucial para orientar al sujeto en la toma de sus decisiones: ¿qué estudiaré?, ¿cuáles serán mis funciones como estudiante y profesional a futuro?, ¿tendré la vocación para desempeñarme en esta u otra área dentro y fuera de la universidad?, ¿podré conseguir trabajo desempeñando las tareas que se me indican?, ¿por cuánto tiempo lograré desempeñar esta función de estudiante y luego de profesional?, ¿podré balancear el tiempo personal con el de estudio?, estas y otras preguntas podrían estar ocupando al estudiantado en su paso por la universidad. Preocupaciones que de no ser atendidas a tiempo y con ayuda profesional quizá podrían distanciar al estudiantado de su responsabilidad.

Los anteriores cuestionamientos suponen ser parte de las orientaciones a las cuales debe dar respuesta la universidad con el fin de garantizar un desarrollo social e intelectual del grupo estudiantil. Esto permitirá la promoción de herramientas pertinentes y significativas necesarias para que este grupo enfrente la vida con éxito y plenitud.

El alumnado que opta por entrar a la universidad y específicamente, a la Universidad Nacional de Costa Rica (UNA), a cualquiera de las carreras ofertadas en la Facultad de Ciencias Sociales: Historia, Psicología, Administración, Secretariado Profesional, Economía, Relaciones Internacionales y otras, recibe información en línea o en físico disponible de forma gratuita y permanente; además, las universidades del país realizan ferias vocacionales para quienes cursan el último año de su formación secundaria en donde las instituciones masivamente mercadean sus ofertas. Las estrategias de divulgación le permiten al grupo estudiantil darse un panorama, aunque somero, del tipo de carreras ofrecidas, su vinculación con una futura vida profesional, las funciones, responsabilidades y demás actividades que deberá desarrollar en el mundo laboral. Al respecto dos ejemplos de lo publicado en la página web de la UNA, específicamente de la Escuela de Historia y de la Escuela de Psicología:

> La formación recibida por el Bachiller en Historia, le capacita para desempeñarse como:
>
> • Historiador(a) que posee las competencias básicas para el estudio de los procesos sociales mediante la correlación de la dinámica estructural con la sucesión de los acontecimientos.
>
> • Investigador(a) que aporta conocimiento histórico a nivel básico, mediante la aplicación óptima de teorías, métodos y técnicas historiográficas, en equipos disciplinarios y multidisciplinarios en los campos académico, humanístico y cultural.
>
> • Asistente en proyectos de investigación; asesor(a) para el profesorado de Estudios Sociales y para docentes en el campo de la historia; promotor(a) de procesos de recuperación de la memoria y del patrimonio histórico; y asistente en proyectos para la producción de textos y diverso material histórico-cultural (turístico, difusivo, comercial, periodístico, comunal).

Según lo anterior, la Escuela de Historia supone el desarrollo de una formación promotora de capacidades no solo intelectuales, sino también sociales. De ahí que la construcción de la identidad socio-profesional del universitario sea un objetivo clave que deberá lograrse al culminar el proceso de educación formal, como resultado de una dimensión formadora que cumple una doble vía, tanto en el plano técnico disciplinar en su rol de historiador, , investigador y asistente de proyectos, sino también en su desarrollo global.

Bachiller y Licenciado en Psicología. La carrera tiene como objetivo la formación de profesionales en psicología con fundamentos históricos, epistemológicos, teóricos, metodológicos y éticos, que contribuyan a la transformación psicosocial de las personas y colectividades desde una visión interdisciplinaria, crítica e innovadora

. De acuerdo con la información ofrecida, las tareas que supone realizar un profesional en Psicología serán el resultado de una mediación pedagógica fortalecida por la estrecha relación entre teoría y práctica, la forma en que se aborde esa mediación y las metodologías utilizadas para lograrla. Todo lo anterior, se convierte en garantía de un profesional capaz de aproximarse a las realidades de su entorno para hacer funcionar pertinentemente su conocimiento profesional.

En definitiva, la relación entre desarrollo social y educación universitaria está signada por procesos de intervención pedagógica complejos. La responsabilidad docente, actividad de gran relevancia social, impone una formación selecta y funcional, en donde la re-profesionalización será la pieza determinante.

Educar para y por la sociedad implica constituirse en un profesional con un manejo intelectual y social sin precedentes, capaz de implicarse en temas de interés y funcionalidad para poder compartirlos en el contexto educativo.

Lo expuesto trata de un compromiso institucional claro ante la relevancia de la formación superior, en donde la dedicación y el interés por promover una educación de calidad e impacto social sean sus distintivos más característicos. Sin lugar a dudas, el tema de la calidad es una de las prioridades en todo el quehacer del sistema educativo de los países del mundo. El porqué de esta preocupación puede buscarse por diferentes vías, dado que, en todos los órdenes, la educación superior busca los caminos para calificar de una mejor manera a sus estudiantes, docentes y graduados y con esto procura romper la dicotomía de la universidad con la sociedad y el Estado. Se entiende que la universidad no solo es, sino debe ser un centro de excelencia en donde el grupo académico, estudiantil y autoridades realicen su trabajo con seriedad, conciencia social y respeto por el trabajo que se genera cotidianamente.

Formación docente: nuevas demandas

Partiendo de la primicia que la docencia y, específicamente, la universitaria, es una profesión cuyo objetivo es crear condiciones para el aprendizaje, en donde se informan, analizan y valoran de manera ponderada los problemas que le atañen a la humanidad, es posible entender la importancia que convoca la formación permanente de dicho colectivo profesional. Con el fin de adentrarnos en el tema, este apartado aborda sus retos, limitaciones y alcances a la luz de las nuevas demandas impuestas por el contexto actual y su relación con la preparación para el cambio y la transformación en el cómo se trabaja, se decide y se piensa para el mejoramiento del ejercicio de la función (Assmann, 2002; Chehaybar, 1999; Flórez, 1994; Rumbo, 2000; Torres, 2006 entre otros).

Retos de la formación docente

Los procesos de formación docente universitaria, continuos y pertinentes, son entendidos como los contextos que buscan estadios de desarrollo profesional integral, asertivo y de alto nivel intelectual, en donde es posible organizar los saberes y las técnicas hacia el servicio y desarrollo del ser humano y el entorno.

La función universitaria deberá sobrepasar la responsabilidad de formar al grupo estudiantil para poder transformarse en una institución que está en constante construcción como resultado de su función primaria, educar.

En ese sentido el modelo pedagógico de la UNA resalta la importancia que tiene para esta institución el mantener y estimular la construcción de espacios para la formación docente, aquellos cuyo objetivo principal es incidir notablemente en la profesionalización del grupo académico, tratando de forma asertiva las nuevas demandas del contexto social. Se cree que entre los retos de formación para la reconstrucción del saber profesional más destacados están los de contribuir en:

a) Desarrollar el componente socio disciplinar a partir de la autoexploración y análisis del ser profesional y personal.

b) Promocionar aprendizajes significativos, pertinentes y funcionales que destaquen por su relación con los problemas del entorno y los sistemas actuales de pensamiento a partir de procesos de capacitación.

c) Proveer un sentido de intelectualidad a los contextos de formación estudiantil en donde la permanencia, la profundidad y la calidad sean sus principales distintivos.

d) Perfeccionar y adquirir las destrezas didáctico- pedagógicas que sean congruentes con la dinámica cibernética que caracteriza la modernidad.

e) Aprovechar los espacios de capacitación profesional para su involucramiento en actividades de investigación, extensión y gestión del quehacer educativo.

f) Revalorar la construcción del conocimiento y su vinculación con los procesos de formación, estos últimos responsables de contribuir al desarrollo de sus capacidades y así poder lograr que se centre en el problema y no en la disciplina.

g) Promover aprendizajes orientados a construir ciudadanía.

Se entiende que la educación está llamada a promover nuevos aprendizajes partiendo de las demandas de la sociedad y específicamente de sus educandos, quienes "se encuentran inmersos en sistemas aprendientes de avanzada tecnología" (Assmann, 2002, p. 126). En este contexto, para las instituciones educativas y para los enseñantes se genera una gran interrogante, ¿cómo logarlo?

En este entorno en cambio permanente, el cuerpo docente urge de una formación básica, sólida y permanente en su área de estudio o disciplina, siendo la conexión de los saberes condición esencial en la búsqueda de problemas globales y significativos para el grupo estudiantil. Igualmente importante será que se contemple su dimensión laboral y profesional como plataforma para relacionarse con otras disciplinas o ciencias sociales.

Se cree que es la dinámica educativa la responsable de modelar los procesos de formación docente con el fin de que estos estén caracterizados por a) atender a la calidad y evaluación de los procesos, b) desarrollar el sentido de pertinencia docente con la institución y consecuentemente con la nación, c) evidenciar los vertiginosos retos que impone el uso de las TIC a la función pedagógica y d) formar para la gestión estratégica y eficaz. Todo lo anterior conduce a pensar en una formación que dé como resultado un profesional destacado por sus conocimientos pedagógicos y de investigación, quien por encima de todo tendrá una profunda capacidad humana y social, la cual le permitirá constituirse en agente de cambio de él mismo, de su grupo estudiantil y de la comunidad a la cual se debe.

Consecuentemente, se considera necesario que los procesos de formación docente busquen su significancia a partir de iniciativas promotoras de capacitación, las cuales, además de venir organizadas desde la institución, también serán producto de procesos de innovación derivados de la investigación y el trabajo colaborativo. La intención primordial será el aprovechamiento que el grupo profesional haga de estos espacios idóneos para el despliegue de sus cualidades y habilidades personales, pues enseñar en los tiempos actuales requiere un esfuerzo de autoconocimiento de la mano de un acompañamiento formativo estratégico.

Por tanto, además del necesario abordaje y atención de la identidad socio-profesional del profesorado a la luz de las realidades que están presentes en el entorno, su formación debe permitirle conocer lo sustancial de su práctica profesional, la cual deberá centrase en el desarrollo no solo personal, sino también profesional del grupo estudiantil. Sobre este último aspecto, se considera necesario que el profesional ejerza su práctica sin olvidar algunas tareas pendientes de su agenda pedagógica: a) vincular al estudiantado al proceso productivo, a las necesidades y objetivos del desarrollo económico en función de los intereses de la sociedad, b) desarrollar el conocimiento pertinente que el mundo profesional futuro del grupo estudiantil le demanda para el ejercicio efectivo de sus funciones, y c) promover aprendizajes fundamentados por los constructos teóricos que sustentan la disciplina meta y las realidades del medio en que se desenvuelve.

Lo anterior posiciona la formación docente a la cabeza de las transformaciones profesionales que desafía el mundo actual, transformación que mitigará cualquier intento por caer al abismo competitivo y gerencial que están asumiendo algunas instituciones que llevan por nombre "universidad", donde lo que importan son los resultados por encima de los procesos del ser humano y del entorno. De allí que se entienda que los más distintivos baluartes de los procesos de formación docente para la re-valoración de la educación son el cambio ético, la formación del recurso humano al más alto nivel intelectual y personal, la investigación, la identidad cultural, los valores, la conviabilidad, la solidaridad, la equidad y la justica social.

Formación docente para el mejoramiento de la práctica

La configuración, atención y tratamiento otorgado a la función docente le permitirá el desarrollo de su profesionalización y consecuentemente conducirá al logro de importantes cambios y renovaciones en las prácticas promovidas.

Es muy probable que un grupo de profesores formados en la continuidad de su ejercicio, en la pertinencia de su quehacer y en la funcionalidad de su práctica, logre acceder a identificar los actuales requerimientos de la sociedad para integrarlos a los sistemas existentes de pensamiento y así transformar el conocimiento.

Se cree que gran parte de la profesionalización docente podría radicar en la continuidad de la formación de este colectivo hacia estadios de desarrollo profesional integrales, asertivos y de alto nivel intelectual. Su intención, según Flórez (1994), es hacer despertar "conocimiento al servicio de la vida, del elevamiento de la calidad de vida" (p. XXV), es decir, aprendizajes significativos producto de modelos de enseñanza que, según este mismo autor, "abarcarían tanto métodos y técnicas de enseñanza, como los contenidos de saber que se proponen" (p. XXV).

Según lo externado por Flórez, lo importante es el sentido otorgado a las ideas pedagógicas y consecuentemente a la forma en que toman cuerpo en la práctica dichas ideas, las cuales son responsables de implementar y viabilizar el currículo, así como de compensar las desigualdades y posibilitar la movilización pertinente del conocimiento.

Como se construye la ideología docente es parte de los nuevos desafíos del profesorado, que, ante la eminente necesidad de responder con acciones concretas a las demandas de la sociedad, deberá apoyarse en los procesos de formación para transformar su actitud a partir de la reconstrucción del conocimiento y el desarrollo de habilidades y capacidades conducentes al mejoramiento de su práctica profesional.

No cabe duda de que la formación docente así definida (permanente, profunda y de gran calidad) va más allá de un listado de temas por hacer y aprender. Es más, deberá orientarse a promover procesos de reflexión, autoanálisis y realimentación, los cuales le permitan al profesional acompañar los nuevos proyectos educativos y emprender un renovado abordaje de sus funciones. Es decir, se trata de posibilitar una sólida formación que fortalezca su protagonismo en el aula, sus conocimientos e incremente su capacidad para enseñar y aprender.

El docente, en ese sentido, es el intelectual convertido en la conciencia crítica de su tiempo, es la persona con conocimiento de la situación y visión prospectiva y que, por lo mismo, es capaz de integrar la universalidad del conocimiento según los distintivos de su realidad inmediata. Por lo tanto, se traduce en el hecho de que los educadores deben recobrar y revalorar la importancia de su trascendencia a través de la calidad y el impacto de su labor educativa. Por esto según la UNESCO (2015), "Para que la educación pueda contribuir a la plena realización del individuo y a un nuevo modelo de desarrollo, los docentes y demás educadores tienen que seguir siendo agentes esenciales" (p. 56). De allí la urgente necesidad, según Sepulveda (2005), de planificar la práctica formativa. Para esta autora,

...esta planificación hace referencia a que los contextos y las situaciones han de ser relevantes y significativos para propiciar realmente un proceso de enseñanza, favorecer la transición de estudiante a profesor, para que los alumnos aprendan a pensar como docentes, se conciencien de los problemas reales propios de la profesión y tomen, en consecuencia, las decisiones oportunas (p.72).

El enriquecimiento de la disciplina, producto de una escogencia, trato y abordaje apropiados de los contenidos, las metodologías de enseñanza y su aplicación, suponen facilitarle al colectivo docente el desafío de diversos retos, entre ellos: afrontar competentemente desde una dimensión didáctico-disciplinar, las distintas situaciones-problema (circunstanciales o deliberadas) que emerjan del terreno dentro y fuera del aula, abordar con puntual intencionalidad y fundamentación teórico-práctica los temas y contenidos para que puedan ser comprensibles, significativos y funcionales; y gestionar el conocimiento de forma tal que haga evidente las responsabilidades del grupo discente para el desarrollo y empoderamiento de su autonomía, personal y profesional.

Al respecto de la complejidad que supone prepararse para el ejercicio de la práctica pedagógica, Rumbo (2000), considera que en la docencia universitaria es aún mayor, a diferencia del resto, por cuanto cumple una función ligada a la formación intelectual que repercute en su transformación. A la luz de esa afirmación, podríamos entender la razón por la que en la actualidad se habla de procesos de formación que garanticen una re-profesionalización, un replanteamiento de las funciones, del sentido del saber-hacer pedagógico. Las intenciones para las que se es formado podrían estar ampliando abruptamente el dominio del ejercicio y, consecuentemente, las responsabilidades asumidas, consideradas determinantes para garantizar la continuidad de la vida profesional.

Nuevas responsabilidades docentes

Las nuevas exigencias de la universidad retan al cuerpo académico a involucrarse no solo en la docencia, la investigación y la gestión, sino también, en la puesta en marcha de estrategias para la captación de talento humano de excelencia, así como también recursos financieros. Su intención es darle el soporte necesario a los proyectos y convenios gestados entre universidades y otras organizaciones como parte de la internacionalización de los procesos educativos desarrollados.

Por su parte las demandas institucionales obligan al profesorado a emprender otras formas para auto enseñarse, como consecuencia de un conglomerado de modelos mentales y patrones organizativos que desarrolla para representar lo que va ser aprendido, así como también, de un conjunto de estrategias cognitivas y meta cognitivas para transformar el aprendizaje a partir de sus nuevas responsabilidades profesionales y sociales, en donde la productividad de su actuar se liga a funciones y deberes más allá de los que supone la docencia (Segovia y Beltrán, 1998).

Se entiende entonces que la formación docente para el desarrollo de conocimientos, destrezas y actitudes en el grupo profesional se liga a las nuevas responsabilidades profesionales y sociales que el entorno le impone, a las oportunidades que se le brinden para ampliar el ejercicio de su función, dentro y fuera del entorno universitario, así como también, al interés por fortalecer su profesionalización desde el conocimiento y la práctica.

Como se ha expuesto, las demandas de formación que la universidad le exige al profesorado se asocian al trato funcional y significativo que supone darle a los aprendizajes, al dominio de temas diversos que aunque pertenecen a otros campos laborales se convierten en objetos de estudio que nutren la mediación pedagógica y posibilitan un entendimiento más global de lo que acontece en el entorno.

La aproximación del profesional a la realidad del contexto desde la academia requiere no solo de su conocimiento disciplinar sino también investigativo. Por lo tanto, la formulación, gestión y evaluación de proyectos se constituyen en elementos claves para el desarrollo de un perfil profesional innovador, analítico, pragmático, sensible e intuitivo.

La provocación del saber hacer en la práctica supone reeducarse a partir de experiencias reales de aprendizaje fuera y dentro del contexto de aula. La incorporación de nuevos conocimientos implica renovados saberes, los mismos que deberá contemplar la institución educativa cuando oferta procesos de formación dirigidos al profesorado. De allí la urgente necesidad de generar programas de formación docente que según el punto de visto defendido contemplen:

a) espacios de intercambio docente que motiven la exploración para el aprendizaje de nuevas formas para abordar la práctica;

b) la puesta en marcha de investigaciones conjuntas con otros colegas (no solo de supuestos teóricos, sino del quehacer universitario);

c) c) la movilidad académica en organizaciones fuera y dentro del ámbito universitario para aproximarse a los retos del mundo en general.

Ahora bien, si son estos los requerimientos que suponen garantizar una promoción de calidad, ¿no deberían ser parte del requisito de contratación docente? Entonces, ¿qué experiencias priman al momento de escoger un profesional para que imparta docencia?

Contratación docente y formación requerida

La universidad, ente superior de formación para el desarrollo intelectual y personal del ser humano, está llamada a hacer protagónico el ejercicio docente. Este llamado no es tan fácil de atender cuando son muchos los asuntos pendientes que le pasan factura a nuestro sistema universitario.

Pensar en la contratación docente y la formación requerida obliga a preguntarnos, ¿cuáles modelos de contratación contribuyen a dignificar la profesión?, ¿cuáles condiciones deben existir para el fortalecimiento del perfil profesional?, ¿qué tipo de académico requiere el sistema universitario?, ¿cuáles son los criterios de calidad universitaria manejados y cuán cortos se quedan respecto a lo que apunta la demanda de conocimiento global?

Organismos como la UNESCO (2015) han manifestado su preocupación respecto a las múltiples realidades que aquejan al grupo docente, especialmente en momentos donde "La situación y las condiciones de trabajo de la profesión académica en el mundo entero están sometidas a las tensiones provocadas por el acceso masivo y las dificultades financieras. Si la profesión afronta distintos desafíos en diferentes regiones, el profesorado ha de hacer frente a serias dificultades en todas partes" (p. 57).

Sin duda alguna son muchos los retos que enfrenta el gremio profesional para atender las demandas que le imponen la sociedad y la institución en la que labora. En el caso particular de la Universidad Nacional el grupo docente debe responder efectivamente al quehacer universitario entendido según lo que establece su modelo pedagógico,

> ...como un proceso complejo, multidireccional, mediante el cual se construyen e intercambian conocimientos. Constituye una experiencia que favorece el desarrollo integral del educando y del propio educador. Un proceso relacional que involucra

la emoción y la razón, lo que presupone la construcción de conocimientos útiles para el desarrollo profesional, pero ante todo, un quehacer dinámico de encuentro que implica procesos meta cognitivos, formativos de académicos y estudiantes, y que conlleva los principios de autonomía, libertad y crecimiento, gracias a los cuales cada persona va logrando niveles de autonomía y en consecuencia, se prepara para aprender a aprender, aprender a ser y aprender a convivir de manera permanente (p. 6).

Lo definido por la UNA supone un proceder docente complejo de crecimiento permanente y comprobada vocación (desarrollo profesional alcanzado como consecuencia de procesos de crecimiento personal y profesional profundos a lo largo de la experiencia profesional acumulada) el cual no solo debería tener responsabilidades sino también reconocimientos. Este último punto genera cierta incongruencia con los requisitos de ascenso en carrera profesional para el sector académico (docentes, investigadores y extensionistas) que norma el Reglamento de Carrera Académica de esta misma institución a partir de 2011, el cual establece como su objetivo:

El presente Reglamento norma las actividades del personal académico de la Universidad Nacional en el Régimen de Carrera Académica (en lo sucesivo el régimen), con el fin de garantizar y promover un nivel creciente de excelencia en las actividades académicas de la universidad según lo establecido en el Estatuto Orgánico (p. 1).

Se podría entonces creer que como reconocimiento a ese "...nivel creciente de excelencia en las actividades académicas de la universidad" que profesa el Reglamento de Carrera Académica, la trayectoria en términos de veteranía docente (experiencia laboral) y asertividad en el liderazgo de los procesos de formación deberían ser requisitos protagónicos para optar por el beneficio de ingreso a esta única posibilidad de ascenso salarial que como

Cuadro 1. Artículo 26 del Reglamento de Carrera Académica. Criterios de ingreso y ascenso, así como también de producción intelectual

Criterio	Puntaje otorgado
Calificaciones profesionales	Un máximo de 110 puntos
Experiencia académica	Un máximo de 110 puntos
Producción intelectual	No tiene límite, no obstante, en el artículo 42 define el puntaje de la producción intelectual, la cual se considera dependiendo de la solvencia académica en el área, el contar o no con sellos editoriales, la importancia y difusión del tema para la contribución al desarrollo social y demás, otorgando un puntaje de 0 a 4 puntos cada una.
Evaluación	Sin puntaje, pero se considera normativa para la toma de decisiones

Fuente: elaboración propia con los datos que ofrece la Universidad Nacional en el Reglamento de Carrera Académica (2010)

cuerpo académico de la UNA se tiene, pues de lo contario, serían solo posibles demagogias capaces de influir, también, en las decisiones contractuales que se tomen. Para ejemplificar la situación actual en la UNA se presenta el Cuadro 1.

Los datos evidencian que el énfasis para otorgar opciones de ascenso en Carrera Académica de la UNA no solo está en los títulos que como profesional se tengan o en los años de experiencia docente con que se cuente, sino más que todo, en la producción intelectual comprobada con artículos, libros, investigaciones y otros trabajos; al respecto es importante resaltar que la investigación es de gran peso para la toma de decisiones contractuales y otorgamiento de plazas académicas. De allí el urgente interés por transformar las políticas que guían el actuar universitario, en donde las prioridades para la contratación y el ofrecimiento de incentivos (entendidas como remuneraciones por producción intelectual que no necesariamente comprueban un desempeño docente de calidad desde la percepción de estudiantes, colegas y cuerpo administrativo) están débilmente ligados al saber hacer en la práctica pedagógica como la función universitaria por excelencia, así como tampoco, en las iniciativas de desarrollo y actualización docente promovidas por la institución.

Lo anterior no defiende ni se liga a una postura de formación de corte técnico, reduccionista e incongruente con las transformaciones de actitudes, de pensamientos y de acciones que se ha estado defendiendo a lo largo de este apartado, tal y como la que presenta Chehaybar (1999), quien valora los procesos de formación "…como una forma de prepararse para el dominio y actualización en la materia que se imparte y como la vía que permite adquirir elementos didáctico-pedagógicos que favorezcan la formación profesional" (p. 84).

Ahora bien, creer que la necesidad de formación docente se deba limitar exclusivamente al perfeccionamiento y adquisición de destrezas didáctico-pedagógicas, le resta importancia a la urgente necesidad de abordar temas relacionados con la actitud y la cultura docente como factores que interfieren en la disposición al cambio, la indagación permanente, la reflexión continua y profunda, la crítica y la innovación. Todos estos son el abono para poder cosechar una efectiva sinergia entre teoría y práctica . Como bien lo dijo Freire (2002),"…mientras enseño continúo buscando, indagando. Enseño porque busco, porque indagué y me indago. Investigo para comprobar, comprobando intervengo, interviniendo educo. Investigo para conocer lo que aún no conozco para comunicar o anunciar la novedad" (p. 30). Todo lo cual muestra que el quehacer docente es un proceso abierto y en construcción permanente.

Por ello, es importante sostener que la formación permanente debe ser un proceso continuo de reflexión sobre la práctica, valorado como un transcurso que busca los significados para su mejora y enriquecimiento.

Formación para la práctica: del modelo al ejercicio

Se considera que someter a indagación los modelos de enseñanza permitirá evidenciar, desde la práctica su congruencia con los métodos aplicados para que se conviertan en la médula espinal que garantiza el éxito de una formación docente de calidad.

Las prácticas docentes reproductoras y transmisivas, apegadas a cuerpos teóricos ya establecidos que no son sometidas a análisis ni contraste, se consideren responsables de cubrir los ambientes de aprendizajes estáticos, irrefutables, sin posibilidad de reconstrucción y entendimiento.

Para superar prácticas pedagógicas poco efectivas por su característico uso de contenidos enlatados y su escasa relación con las formas cotidianas de aprender de los individuos, es necesario volcar la mirada al desarrollo de competencias esenciales que permitan abordar con efectividad y coherencia los múltiples retos que este nuevo interés de la humanidad le supone imponer a la función docente desde las demandas de eficiencia y funcionalidad que retan los modelos pedagógicos universitarios. Con ello, según Perrenoud (2005), será posible "lograr más éxito en los objetivos más ambiciosos de la escuela" (p. 110), especialmente en momentos cuando las instituciones de educación superior están llamadas a generar, desarrollar, replantear e introducir a la práctica social, los conocimientos, la tecnología y los valores necesarios para garantizar progreso social a partir de metodologías educativas con mayor conciencia y responsabilidad formativa. Los modelos pedagógicos, tal y como el propuesto por la Universidad Nacional (2012) en su página web (www.una.ac.cr) y que se presenta definido de la siguiente manera:

> El modelo pedagógico expresa los principios y lineamientos que orientan el quehacer académico universitario. Es el producto de una construcción participativa y continua, con la que toda la comunidad universitaria debe estar comprometida. Su conocimiento y adopción debe materializarse de manera concreta en la dinámica cotidiana de la institución y de quienes conviven en ella. Como modelo, se deben asumir sus orientaciones de forma general, por ello, se espera que de él deriven estrategias de enseñanza y aprendizaje que se apliquen de manera dinámica, respetando la diversidad en las prácticas pedagógicas y de los objetos de estudio (p. 1).

Ponen de manifiesto la necesidad de un profesorado capaz de atenderle de forma general a partir de estrategias de enseñanza y aprendizaje proactivas y acordes con los objetos de estudio ofertados y los avances tecnológicos existentes.

Según lo evidenciado, es fundamental que los procesos de formación docente concentren sus esfuerzos en desarrollar en dicho colectivo múltiples habilidades e inteligencias orientadas al desarrollo del conocimiento, las nuevas tecnologías, las redes de actores y saberes, la alta especialización, el auto y muto aprendizaje y la innovación para el bienestar común (Ruiz, Martínez y Valladares, 2010).

Los procesos de desarrollo y actualización profesional servirán de modelo al docente para desplegar y transformar su práctica, con el fin de contribuir a deslegitimar el decir popular "enseñar se aprende enseñando", el cual toma en cuenta el supuesto científico de ensayo y error de las filosofías empiristas y positivistas poco congruentes con los intereses de planificación, selección e intencionalidad que suponen teñir los contextos aprendientes.

Las tareas de la función docente para el desarrollo global del educando y de su persona como profesional y humano serán los temas por abordar en los procesos de formación.

Algunos otros autores como Imbernón, Perrenoud y Marcelo quienes también han estudiado el tema a profundidad apuntan a la necesidad de que el profesional desarrolle nuevos aprendizajes en entornos igualmente renovados a partir de procesos que mejoran la situación laboral, el conocimiento profesional, el componente actitudinal, las capacidades y las habilidades de dicho profesional.

Al respecto Imbernón (2009) señala lo siguiente:

El desarrollo profesional necesita de nuevos sistemas laborales y nuevos aprendizajes que requiere el profesorado para llevar a cabo su profesión, y de aquellos aspectos laborales y de aprendizajes asociados a los centros educativos como institución en donde trabaja un colectivo de personas. La formación se legitimará entonces cuando contribuya a ese desarrollo profesional del profesorado en el ámbito laboral y de mejora de los aprendizajes profesionales (p. 33).

Se entiende, según lo afirmado por el autor la urgente necesidad de concebir la formación profesional docente para el desarrollo profesional como una función sistemática que involucra el diagnóstico de necesidades (cognitivas, sociales y personales), de la situación laboral (atmósfera de trabajo, políticas, programas y cualquier tipo de actividad vinculada a mejorar sus condiciones) y de las oportunidades para mejorar los aprendizajes profesionales.

Asimismo, y respecto a los nuevos conocimientos que han de promover los procesos de formación académica, Perrenoud (2005) apunta con mucha especificidad a las capacidades relacionadas con la comunicación, la lectura, la investigación, la creatividad, el análisis, la crítica, la opinión, la observación, la clasificación, el pensamiento hipotético-evolutivo y la capacidad de respuesta, todas estas, concebidas como saberes profesionales que el docente transformará en competencias esenciales en el estudiantado para que pueda desarrollarse integralmente y así tratar de forma asertiva las cuestiones sociales que le impongan los diversos escenarios de interacción. Lo afirmado por Imbernón y Perrenoud se asocia a lo establecido por Marcelo (2008), quien considera que, "La enseñanza es una actividad compleja donde la aplicación o replicación de simples principios no fundamenta la buena práctica. Es preciso que la teoría deba ser interpretada para poder utilizarla" (p. 212).

Desde la anterior perspectiva, se defiende la necesidad de hacer protagónica la enseñanza para la comprensión, la cual según Gimeno y Pérez (1992), busca desarrollar en el estudiantado la comprensión de la disciplina y de la vida en general. Los modelos de enseñanza que impulsan el entendimiento procuran servir de guía para diseñar currículos y programas pedagógicos orientados a la mejora de la enseñanza y el aprendizaje.

Para Stone, Rennebohm y Breit (2006), cualquier debate sobre planes educativos debe basarse en una concepción de los fines o propósitos de la educación. Siempre se ha esperado que los centros de formación cumplan con un amplio espectro de finalidades como son la asimilación cultural, la preparación, el desarrollo económico, el logro académico y la realización individual, adicionalmente, se les presiona para que actualicen sus prácticas y preparen a los docentes y los alumnos para el siglo XXI tomando en cuenta el desarrollo de las nuevas tecnologías y las tendencias de las interacciones políticas, económicas y culturales globales. En este cuadro de complejidades, según Stone, Rennebohm y Breit (2006), la *comprensión* parece suministrar una articulación factible, específica y aplicable de manera general "de aquello que las escuelas deberían lograr que sus alumnos aprendan" (p. 36).

La comprensión según las autoras es entendida como la *capacidad de tener un desarrollo flexible.* Abarca cuatro dimensiones

1. El conocimiento de conceptos importantes.

2. Métodos de razonamiento e indagación disciplinados.

3. Propósitos y limitaciones de las diferentes esferas de la comprensión.

4. Formas de expresar la comprensión ante auditorios particulares. (p. 37)

Además de que la importancia de la docencia en la implementación de un enfoque de enseñanza con proyección social implica un compromiso de formación por parte de la universidad y, consecuentemente, de su colectivo docente; esa formación se supone deriva de una política curricular entendida según la definición de Blanco (1997) "como la determinación de lo que ha de enseñarse en las escuelas, con un énfasis en el orden y la secuencia con que debe ser enseñado y aprendido" (p. 9) y hasta donde sea posible establecer la cuota de responsabilidad social de la misma universidad.

En relación con las palabras de Blanco, es posible pensar que en la política curricular se anida el *porqué, el qué y el para qué* se debe enseñar, de allí su ligamen, correspondencia e implicación con la práctica e iniciativas de formación del profesorado.

Se opina que para contextualizar las iniciativas de formación del profesorado a la realidad universitaria no es conveniente desvincularlas de los planteamientos que la política curricular promueve. En dicha política es en donde se arraiga la cultura institucional. Es la responsable de hacer evidente la correspondencia entre teoría y práctica social tal y como lo evidencia la historia de la Facultad de Ciencias Sociales (FCS) de la Universidad Nacional, presentada en su página web, www.fcs.una.ac.cr, como aquella Facultad de clara conciencia sobre la configuración inter y transdisciplinar que está llamada a tener y que la aleja de cualquier modelo de hacer universitario limitado y fragmentario del mundo y la sociedad, constituyéndose en un vínculo permanente entre la institución y los sectores sociales menos beneficiados del entorno.

Haciendo eco a los orígenes que le han dado vida a la FCS, en el primer semestre del 2012, dio inicio una iniciativa por parte del Decanato para contribuir al desarrollo académico de un grupo de 15 profesionales dedicados a la investigación, docencia y extensión de esta Facultad. Esta iniciativa, primera en la historia de la FCS y única hasta el día de hoy, se desarrolló a partir de las evidencias del este estudio doctoral (España, 2012) y la necesidad de contribuir a la transformación del grupo de científicos sociales que le dan vida a esa Facultad.

Lo anterior hace evidente la necesidad de que los espacios de formación sirvan de plataforma para evidenciar la congruencia entre política curricular y prácticas pedagógicas, puesto que en ambas recae la responsabilidad de garantizar una educación de calidad, especialmente en momentos en que, según Tedesco (2012), lo fundamental es garantizar igualdad, cohesión e integración social, como los elementos claves que resguarden las nuevas pautas de identidad colectiva de cualquier nación, en particular la nuestra, Costa Rica. No obstante, su consecución solo podría lograrse producto de espacios de formación permanente e innovadora de oferta transversal, capaces de integrar y derivar prácticas pedagógicas autónomas, pero dirigidas a atender las demandas heterogéneas que exige el colectivo en formación.

La urgida coherencia entre lo establecido por el currículo y lo que en la realidad del contexto educativo y social se vive se cree que es un asunto crucial que debe ser tratado en los contextos de formación docente, especialmente, si lo que se busca es una pertinente y funcional vinculación entre teoría y práctica. Analizar dicha congruencia le permitirá al profesional conocer y comprender a profundidad según Sepúlveda (2005, p. 74), "... lo que acontece en la realidad que está viviendo, implicándose en ella". Esto le permitirá al colectivo involucrado tomar conciencia de la necesidad de tomar posturas más proactivas respecto al hacer universitario.

Trabajar para la mejora de la calidad educativa obliga a mantener una posición dialógica, analítica y reflexiva sobre su funcionalidad y pertinencia en el contexto actual, pues bien lo dijo Marcelo (2008) "...hay que tener en cuenta que no se puede interpretar la teoría si el profesor no comprende el contexto donde va a ser utilizada", (p. 212).

Tomando como referencia lo externado por el autor, se cree que una diferenciada toma de postura por parte del profesorado como consecuencia del trabajo realizado en los procesos de formación, podría generar una posible transformación de los procesos de aprendizaje por otros en donde se busque construir conocimiento significativo y propicio para desplegar en los diversos momentos de la vida. Su premisa será un proceso de formación discente que garantice el desarrollo de un colectivo mucho más receptivo de lo que la sociedad le demanda y con mejorados niveles en la calidad de su respuesta para poder actuar con propiedad y conciencia ciudadana.

Lo anterior se traduce en el hecho de que los educadores y educadoras son los forjadores del futuro y se les debe incorporar al cambio educacional a través de un consenso que fortalezca el desarrollo profesional docente, elevando sus responsabilidades en el ámbito de la comunidad donde se desenvuelven.

En ese sentido, se considera que los cambios curriculares sean por lo tanto validados a través de la aceptación consciente de los docentes, como uno de los actores centrales del proceso educativo, ya que según Blanco (2005), "No hay definitivas, para cada maestro o cada maestra, mucho menos para el sistema educativo cuando pretende incorporar los cambios o inducirlos prescindiendo de quienes tienen que tomarlos en sus manos, de quienes tiene la capacidad de realizarlos" (p. 375).

Como se ha venido definiendo la transformación del cómo, del para qué y del porqué de los conocimientos promovidos implican más allá de un renovado diseño, desarrollo y organización de las ofertas curriculares, de un convencimiento profundo de los implicados en el proceso. Es el grupo docente el que materializa la institucionalización de las nuevas formas de concebir las relaciones sociales, las funciones, los deberes y derechos de todos los implicados en el proceso de enseñanza–aprendizaje.

Tal y como se ha mencionado, la función del docente como mediador activo en la construcción del conocimiento supone la construcción de un perfil de educador que promueva una educación abierta, reflexiva y democrática. Esos rasgos se concretan en la formación de la persona y del profesional, quien una vez terminada su carrera universitaria pueda servir a la sociedad; por tanto, esa formación constituye conocimientos intelectuales y procedimientos técnicos específicos y generales, comportamientos humanos consigo mismo y con los otros. Consecuentemente, se cree que los saberes promovidos en los procesos de formación docente ayudarán a proporcionar una formación básica sólida, tanto teórica como práctica, que le permite a la persona aplicarla a distintos entornos del área profesional y para la vida, en ese sentido, el perfil docente debe ser resultado de:

a) Las condiciones que imperan en el currículum en un momento dado (según las condiciones socio-históricas del momento).

b) Del modelo educativo que le guía.

c) Las formas conscientes y activas con las que se adscriba al proyecto de educación superior que enmarca su actuar pedagógico.

d) Su conocimiento y sensibilidad del entorno social en el que desenvuelve su práctica.

Tal y como se ha mencionado, el mundo actual requiere la conformación de un grupo docente comprometido con una educación desarrolladora de capacidades para construir conocimiento centrado en el problema y no en la disciplina; aunque cabe mencionar que debe valerse de ella para teorizar y fundamentar su pensar y accionar. Por tanto, la función docente está llamada a formar ciudadanos profesionales con capacidad de respuesta, plurifuncionales, sensibles a los embates de la humanidad, críticos y otros atributos sociales y de comportamiento, todo esto como resultado del desarrollo de competencias diversas (ético-sociales y disciplinares), que le faculten una asertiva interacción con el medio.

La didáctica en el saber hacer docente

La potencial vinculación entre la formación del profesorado y las prácticas promovidas, no se alejan de las propuestas curriculares que dan forma al acontecer pedagógico, ni tampoco de la didáctica, como el medio utilizado por el docente para repensar los procesos que conducen a la construcción del conocimiento. Para Menin (2001), existe una acertada relación entre didáctica y pedagogía puesto que ambas conducen a "la práctica de la enseñanza" (p. 31), no obstante, la primera se dedica a estudiar las formas más idóneas para promover aprendizajes.

Retomando lo expuesto por Menin (2001) y a manera de esclarecer el concepto de didáctica y su relación con el proceso de enseñanza-aprendizaje, cabe indicar que, como disciplina de la pedagogía derivada de las ciencias sociales, la didáctica está estrechamente vinculada y comprometida con la resolución de situaciones o dificultades que emergen del proceso de enseñanza-aprendizaje y del desarrollo profesional docente.

Siguiendo con el pensamiento de Menin, la importancia de la pedagogía y la didáctica radica en su naturaleza práctica promovida por la reflexión, el análisis y la indagación para lograr la construcción del conocimiento. Tanto estudiantes como docentes están llamados a redescubrirse y poder así contribuir en la acción formativa de la didáctica como garantía para el desarrollo y mejora del proceso.

Producto de la naturaleza práctica, analítica y reflexiva de la didáctica, esta ha emprendido la compleja tarea de generar los métodos idóneos para la promoción de aprendizajes, conocidos y definidos por Perrenoud (2005, p.25) como "…dispositivos didácticos", los cuales según este autor, "…sitúan al alumno ante una tarea por cumplir, un proyecto que realizar, un problema que resolver", su intención es dejar claro que lo que ha de ocurrir en el proceso de enseñanza-aprendizaje no se inventa, no se toma del aire, por el contrario, se construye, se planifica y se secuencia con un fin claro, pero transformable desde la didáctica. El propósito es generar y promover conocimiento destinado a construir y reconstruir las teorías originadas para el entendimiento de las realidades existentes. Lo que agrega este planteamiento, es la concepción de dichos dispositivos como únicos en su haber, ya que se piensa que de su construcción dependerán las prácticas pedagógicas promovidas como respuesta a las necesidades del colectivo en formación.

De esta forma, la didáctica se nutre de la construcción constante de nuevas formas de hacer en el aprendizaje, de innovadoras maneras de acceder y crear teoría para mejorar y renovar la práctica que sustenta, de allí que la concepción de la didáctica como una mera metodología esté cada día siendo superada y combatida por las clamadas actuaciones formativas de impacto y significancia que retan la función docente y su misma formación profesional.

Como derivación de lo anteriormente expuesto, resulta interesante señalar que la UNESCO redefinió a nivel internacional las expectativas para los docentes bajo siete dimensiones, a saber:

a) Su calidad de experto, manifestada en mayores niveles de formación exigidos y en la actualización continua de sus conocimientos.

b) El saber-hacer pedagógico, concentrado en la transmisión de destrezas de alto nivel, la motivación para aprender, la creatividad y la cooperación.

c) Entendimiento de la tecnología, considerando su potencial pedagógico y la habilidad para integrarla a las estrategias de enseñanza.

d) Competencia organizacional, disposición para colaborar realizando de manera efectiva diversas actividades en una organización según ciertos parámetros conducentes a un desempeño superior.

e) Flexibilidad, aceptando que los requisitos profesionales pueden cambiar varias veces a lo largo de su carrera y su correspondiente disposición al cambio.

f) Movilidad, descrita como la capacidad y la voluntad de moverse dentro y fuera de otras carreras y experiencias que puedan enriquecer la habilidad de enseñar.

g) Apertura, siendo capaz de trabajar con padres y madres de familia, asociaciones de docentes y la comunidad para completar su rol profesional.

Las anteriores y nuevas calificaciones del grupo docente obligan a analizar con profundidad el diseño e implementación de sus procesos de formación, asimismo, hacen necesario el urgente estudio de las competencias docentes requeridas para la promoción de una educación de calidad.

CAPÍTULO II
LAS COMPETENCIAS EN EDUCACIÓN SUPERIOR

El eje de interés de este apartado es definir, contextualizar y analizar el término de competencias en la educación. Algunos de los temas que se tratarán se relacionan con el desempeño del estudiante y del docente, los objetos referentes, los criterios disciplinares y de logro del aprendizaje, así como el ámbito disciplinar. El abordaje de la temática se hará considerando el acelerado cambio en el valor que hoy en día se les otorga a los conocimientos, y, en consecuencia, a la temporalidad de los saberes, así como su relación con la función formadora, tradicionalmente caracterizada por enseñar de manera trasmisible contenidos académicos de currículos poco apegados a las realidades del entorno, los cuales hoy resultan inapropiados y duramente criticados.

Tal y como se ha mencionado anteriormente, a diferencia de otras épocas, el proceso de enseñanza-aprendizaje se valora desde la importancia y funcionalidad otorgadas al conocimiento para el desarrollo de competencias, capacidades, habilidades y destrezas que le permitan al individuo incidir de forma autónoma y pertinente en la mejora de su calidad de vida.

Por eso es necesario por un lado aclarar el término *capacidades* y por el otro el de *competencias*, ambos considerados por diversos autores como Perrenoud (2005); Pérez, Soto, Sola, y Serván, (2009); Denyer, Furnémont, Poulain, Vanloubbeck (2007); Roegiers (2007) vocablos polisémicos, es decir, con más de un significado, lo que dificulta establecer sus alcances, sentido y función en el proceso educativo.

Según lo afirmado por Denyer, Furnémont, Poulain, Vanloubbeck y Roegiers (2007), se entiende que las capacidades tienen que ver con la aptitud, el talento o la cualidad del ser humano. Se les valora como recursos con que cuenta el sujeto para alcanzar el debido ejercicio de su pensar, y hacer, ya que:

- Dan poder de entendimiento.

- Promueven la aproximación del individuo a situaciones concretas como el referente por excelencia para desarrollar aprendizajes.

- Son de naturaleza evolutiva.

- Proveen al individuo de herramientas que le permitirán sobrevivir a largo plazo.

Por su parte, las competencias son valoradas como conocimientos cognitivos (lectura, lenguaje, escritura, razonamiento…), de desempeño profesional (aptitudes desplegadas en el ámbito laboral), técnicos (capacidades, destrezas y habilidades referentes al campo de especialización) y demás capacidades y habilidades puestas al servicio del ser humano para su propio beneficio. Su importancia se asocia a los niveles de idoneidad personal y profesional desarrollados para profundizar en el aprendizaje a partir del aprender a aprender.

En este sentido, una competencia es más que el simple conocimiento y habilidad desarrollada por el sujeto. Para Rué (2004), el dominar una competencia está ligado a la habilidad para comprender los problemas a los que nos enfrentamos en los distintos ámbitos de nuestra vida, a la capacidad de accionar racional y éticamente para resolver las demandas de problemas complejos a partir de la movilización de diferentes recursos (cognitivos, socio-afectivos, motores y otros) en un contexto particular.

Asimismo, de acuerdo con la postura de Roegiers (2007), es posible afirmar que cada competencia debe contribuir a los resultados valorados por las sociedades y los individuos. Con las competencias se pretende ayudar a los individuos a alcanzar las demandas importantes en un contexto amplio y variado. Deben ser importantes no solo para los especialistas, quienes en este caso en particular son los docentes; sino también, para cualquier ser humano ya que van desde conocimientos generales o básicos, hasta aquellos que son más específicos.

La relevancia de las competencias y su referencia a las capacidades del saber hacer de acuerdo con los aprendizajes adquiridos (poder de aplicación del conocimiento) y de la competitividad para demostrar que su desenvolvimiento en la resolución de problemas es efectiva y pertinente con las realidades del entorno (poder de relación de los conocimientos), se constituyen en piezas claves para el desarrollo de la función docente (Gimeno, 2008; Perrenoud, 2005; Marchesi, 2007; Pérez *et al.* 2009, entre otros).

Según Roegiers (2007), las competencias desarrolladas producto de conocimientos básicos para el ejercicio de la función docente, se ejercen en múltiples situaciones y sus características más representativas son expuestas a continuación:

- Promueven eficacia de reacción en ámbitos concretos.
- Se derivan de saberes con sentido y funcionalidad para reaccionar e intervenir en las situaciones de vida.
- Su construcción es sistemática.
- Se asocian a la búsqueda de la realización plena del sujeto y su involucramiento social o socio-profesional en los contextos en que está llamado a desenvolverse.

- Implican movilizar capacidades cuando estas son requeridas.

- Su consecución amerita saber integrar los aprendizajes desarrollados según el contexto y la finalidad de las acciones realizadas.

- Están compuestas por los contenidos, las actividades y las situaciones, de allí su función primordial de orientar el proceso de enseñanza-aprendizaje.

- Son un cúmulo de capacidades al servicio del sujeto que están interconectadas para la resolución de una situación problema.

- Su existencia está sujeta a su vigencia. Será válida en la medida en que sea utilizada, si no se le lleva a escena pierde sentido, es decir, el dejar de convivir con ella conduce a su desaparición.

Hablar de competencias es hacer referencia a las actuaciones formativas de impacto y significancia que reta la era actual, en donde lo esencial radica en saber qué, cómo y cuándo se debe reaccionar. La clave del éxito no sería viable sin una transformación significativa de la función del docente como agente catalizador y facilitador del proceso de formación y del enfoque que la guía para el desarrollo de conocimientos cognitivos, operativos y de relación social.

Son muchas las condiciones que hoy se requieren del docente y de las orientaciones didáctico-pedagógicas que orientan su práctica. El fin primordial de dichas exigencias radica en la búsqueda del desarrollo de una práctica pedagógica guiada por una visión multi e interdisciplinar capaz de articular los aprendizajes promovidos con las realidades de otras organizaciones sociales y empresariales. El objetivo será facilitarle al colectivo discente las herramientas necesarias provocadoras de una construcción autónoma y responsable del conocimiento, en donde sea posible tomar decisiones de vida, personal y profesional mediante la movilización de múltiples saberes y actividades para afrontar y responder asertivamente ante situaciones diversas y complejas (Monereo y Pozo, 2003).

Tomando en consideración el concepto de aprendizaje aunado a su funcionalidad y pertinencia como parte medular de la transformación de la función docente, se cree necesario analizar la promoción de experiencias de aprendizaje a la luz de la integralidad del conocimiento, relacionando teoría y práctica como los ejes de relevancia.

La fundamentación teórica se construye en la práctica al dejar atrás modelos de enseñanza memorísticos de corte magistral, descontextualizados y poco significativos y entendibles, caracterizados por la carencia de análisis, debate y contraste. Lo fundamental para el proceso de aprendizaje será buscar la interdependencia entre los saberes, el conocimiento y los contenidos.

Como consecuencia, la práctica pedagógica está llamada a no asentarse en el manejo de un cúmulo de contenidos determinados, sino más bien, provocar oportunidades en donde sea posible aprender de lo existente, persiguiendo el desarrollo a través de la puesta en movimiento del conocimiento derivado de objetivos de intervención didáctica intencionalmente propuestos para producir sentido en los aprendizajes, así como su funcionalidad concreta y fundamentada. Este tipo de saber hacer didáctico según Denyer *et. al.* (2007) es entendido como la movilización del conocimiento según las tareas y los recursos con que se cuente, lo cual le permite al estudiantado adaptarse a los retos que le impone la vida en el presente y en el futuro.

El enfoque de enseñanza-aprendizaje promotor de competencias conduce al profesorado a asumir tareas determinadas como resultado de la puesta en escena de conocimientos específicos, los cuales le permiten aproximar al estudiantado a fundamentos teóricos relevantes desde la interdisciplinaridad. El interés es el relacionar y cuestionar sus preceptos en función de su aplicabilidad en los diversos escenarios sociales a partir de conocimientos vivos.

El llamado a la interdisciplinaridad para una práctica constructora de competencias obliga hacer referencia a la integración del conocimiento como un proceso en donde se hacen interdependientes distintos saberes. En un inicio estos se pueden encontrar desasociados debido quizás a una concepción disciplinar del aprendizaje, pero luego se centran en responder articuladamente a un objetivo en particular.

Lo anterior convoca al requerido desarrollo docente de competencias como conocimientos medidos en términos del potencial que se tiene para realizar tareas propias de una actividad o disciplina específica. Para el caso concreto de la docencia, podríamos pensar en la capacidad para documentarse, analizar situaciones, auto educarse y auto cuestionarse (Freire, 2002). Lo relevante no es un desarrollo mecánico y técnico para el ejercicio de la función, por el contrario, lo fundamental será que dichas capacidades contribuyen a la realización integral del sujeto, docente y discente. De allí la urgente necesidad de su desarrollo en el ámbito educativo.

Como consecuencia, el profesional deberá abrir los espacios, creando las condiciones idóneas de aprendizaje para el empoderamiento del conocimiento y su funcionalidad para la vida (la competencia para auto-transformase y transformar en aprendizajes sociales y disciplinares los asuntos que emerjan del contexto aprendiente). De allí que entre sus misiones está la de encauzar el hacer educativo por la vía de la transformación, a partir del estado real del desarrollo integral del sujeto (Pérez *et al.*, 2009).

Crear el contexto de aprendizaje idóneo para hacer de la práctica un espacio para el desarrollo de competencias requiere, además de una actitud transformada frente al valor concedido a la función docente y su relevancia para el desarrollo integral del discente, también del diseño e implementación de dispositivos didácticos que permitan construir, implementar y evaluar el conocimiento promovido. Estas fuentes de apoyo podrían estar orientadas a:

- Permitir la movilización de capacidades.

- Articular los conocimientos.

- Promover prácticas docentes colaborativas (más de un formador por módulo).

- Orientar la mente, más que saturarla de datos, es decir, "mentes bien formadas, no mentes bien llenas" (Denyer *et al.*, 2007, p. 72).

- Aprovechar las experiencias de vida del estudiantado como la base de cultivo para el desarrollo de competencias.

- Exponer al estudiantado a que haga elecciones, negocie, tome iniciativas y asuma responsabilidades.

Lo anterior persigue la promoción de prácticas pedagógicas persuasivas para el desarrollo de competencias; el fortalecimiento de una actitud docente reveladora de transformación y la provocación de conductas en el estudiantado orientadas a incrementar su deseo por aprender, cuestionar, analizar y contrastar realidades, parte medular de una formación provocadora de aprendizajes que estén en constante construcción y evolución.

Considerando la promoción de competencias en el seno pedagógico como una propuesta renovada que es entendida "como un cambio de paradigma de la relación pedagógica" (Denyer et al, 2007, p. 76), potenciadora de aprendizajes funcionales y pertinentes, es que se piensa necesariamente en un el colectivo profesional capaz de integrase al contexto del aprendizaje en evolución condicionado por los ambientes cognitivos creados por la humanidad y caracterizados por la información. Como resultado de este proceso se despertará en el docente mayor consciencia de su responsabilidad formadora para la promoción de aprendizajes que garanticen según Perrenoud (2005), el desarrollo de múltiples habilidades e inteligencias en el educando en los siguientes aspectos:

- La comunicación
- La lectura
- La investigación
- La inventiva
- El análisis
- La crítica
- La opinión
- La observación
- La retentiva
- La clasificación
- El pensamiento hipotético y evolutivo
- La capacidad de respuesta

Por lo tanto, siguiendo a Denyer, *et al.* (2007, p.21), "Cada docente, cualquiera que sea su materia, deberá considerarse responsable de la adquisición de esas competencias, pues la resistencia a tomarlas en cuenta es lo que amenaza con causar el fracaso escolar, haciéndolo a menudo, irremediable en la etapa posterior". Desde esta perspectiva, el desarrollo de competencias debe permitir al estudiantado procesar de manera crítica y eficiente el flujo creciente de información y procesos de generación de conocimiento, así como dar sentido a sus propios aprendizajes.

A su vez, el enfoque por competencias debe promover el establecimiento de nexos entre diferentes áreas del conocimiento y valores éticos y estéticos, generando estructuras potenciadoras de aprendizajes posteriores. Como consecuencia, el grupo estudiantil podría responsabilizarse de sus aprendizajes y, también, tener acceso a capacidades para la investigación, el relacionamiento de variables y configurando fenómenos a sistemas de investigación cada vez más complejos.

El desarrollo de un enfoque pedagógico por competencias busca el uso, de manera transversal e integrada considerando la interacción con grupos heterogéneos, de herramientas para el saber actuar autónomamente, condición que podría dar pie al análisis de algunas competencias específicas para el ejercicio de la función docente centradas en entender para mejorar la calidad de la mediación pedagógica, la formación ciudadana, la transformación educativa y su incidencia en el marco de referencia educativo como lo es el Tuning para Latinoamérica.

Competencias para la mediación pedagógica

El reto de aprender surge a partir de una simbiosis entre el objeto del saber (contenidos) y lo que hacemos, sentimos, del cómo lo proyectamos y lo relacionamos con ese objeto (competencia). Los niveles de logro alcanzados se asocian a la calidad de los contextos, donde se desarrolla el proceso, a la satisfacción del saber que estimula su vinculación con el desarrollo del componente afectivo, la aproximación dialógica con la que práctica y teoría se alimentan, la actividad reflexiva que se fomenta como parte de la mediación requerida entre el yo y el otro (medio para buscar mejoras continuas en el contexto), las oportunidades de transformación que el sujeto promueve, así como también, la trascendencia de lo aprendido en el contexto histórico.

Por tanto, la promoción de aprendizajes reflexivos como parte fundamental del proceso de ruptura y reconstrucción del conocimiento se favorece con ambientes de aprendizaje placenteros, significativos y acertados que, provocan aprender en colaboración y ayudarán al desarrollo de competencias orientadas al desarrollo de la capacidad de diálogo y negociación (Perrenoud, 2005; Denyer et al., 2007; Roegiers, 2007; Gimeno, 2008; Marchesi, 2007; Margery, 2010).

Así también, el desarrollo del conocimiento en el disfrute, la emoción y la pasión por conocer intervienen a nivel individual y colectivo transformando la educación en un proceso con potencial lúdico y humano a partir del cual se genera conocimiento entre compañeros para la resolución de situaciones problema.

Lo descrito anteriormente conduce a valorar algunas de las características docentes que según Perrenoud (2005), deberían ser consideradas a la hora de desarrollar su labor, como parte de las capacidades estratégicas para el saber hacer pedagógico:

- *La pro actividad.* Capacidad provocadora de formas estratégicas de pensar y de actuar. Esta competencia permite hacer un uso racional y asertivo del componente motivacional, como garantía para el desarrollo de una conducta inteligente y fundamentada por un sistema de valores autónomos. Asimismo, conduce al desarrollo de habilidades innovadoras para el desafío y prevención de problemas, facilita la acomodación y movilidad del conocimiento para desenvolverse en los diferentes escenarios sociales requeridos y propicia actitudes retadoras ante nuevas formas de entender y conocer las realidades que le rodean.

- *La plurifuncionalidad.* Competencia que faculta al sujeto a trascender en su participación permitiéndole asumir diferentes responsabilidades entre la dinámica propuesta, es decir, prepara para poder asumir distintos papeles en cualquier escenario que enfrente, además, incentiva la flexibilidad, estimula un mayor poder de decisión, provoca la creatividad para la acción, motiva el liderazgo y la autonomía producto del desarrollo de la capacidad para gestionar un papel interventor.

- *La asertividad.* Concebida como parte esencial de las habilidades sociales que desarrolla el juego lúdico, permite modelar las competencias actitudinales y de pensamiento que se anidan en lo más profundo del ser humano. El desarrollo del componente humano se alimenta de la asertividad con que se accione y permite que los valores y principios se constituyan en abono para su cultivo.

- *La actitud creativa.* Consiste en la capacidad de explotar al máximo todas las capacidades sensoriales, cognitivas y sociales adquiridas a lo largo de la vida y hacerlas funcionar para redescubrir nuevas formas de tratar los aspectos que emergen del entorno. Los niveles de entrega experimentados por individuos garantes de una actitud creativa suponen ser significativos, por cuanto el sujeto se caracteriza por desarrollar habilidades relacionadas con el análisis, la contemplación, la asociación e interrelación de saberes para develar los enigmas que la vida le antepone y poderlos desafiar con mayor propiedad y eficacia.

- *El trabajo en equipo.* Promueve el involucramiento de un colectivo de manera coordinada para la ejecución de un proyecto. Por tanto, es fundamental el desarrollo de competencias que viabilicen su alcance, entre ellas, la capacidad de tolerancia y receptividad para poder lograr la complementariedad de los miembros del equipo, desarrollo de liderazgo y autonomía para asumir asertivamente las responsabilidades que se le asignen, competencias lingüísticas que garanticen una comunicación efectiva entre los integrantes del grupo y altas dosis de confianza para poder delegar funciones y asumir otras anteponiendo el éxito del equipo al propio triunfo personal.

- *La resolución de conflictos. I*mplica el desarrollo de capacidades para emprender acciones en donde el sujeto interviene de forma cooperativa para solventar un problema. También, contribuye al rompimiento de hábitos y estigmas tradicionalmente promovidos a lo largo de la vida del ser humano. En ese punto lo que premia es la lucha de poder a cualquier costo, y lo transforma en una situación, ya no de ataque transversal y defensivo, sino más bien, por una en donde lo que importa es explorar las necesidades que provocaron el problema y buscar las soluciones para solventarlo, de forma conciliatoria, realista y bajo un esquema de responsabilidad compartida respecto a las decisiones tomadas.

Es posible pensar que cada una de las características presentadas pueden ser valoradas como competencias, las cuales no solo están dirigidas a promover aprendizajes significativos, sino, también, a modelar la personalidad tanto del profesorado como del educando. Estas son responsables de humanizar y encantar el arte de aprender aprendiendo, de educar educándose, de conocer conociendo y de hacer haciendo, todo esto como parte del componente motivacional requerido para fortalecer la calidad de la función docente.

El deseo por aprender que estimula una práctica pedagógica renovada, promueva el aprendizaje por descubrimiento el cual a su vez sirve como un instrumento motivador para la construcción del conocimiento. Esto se constituye en una herramienta efectiva para atender a los desafíos que el desgano y la apatía del saber discente provocan.

Se cree que el aprendizaje por descubrimiento tiene como objetivo permitirle al estudiantado recrearse en el aprendizaje mientras que se dedica a "reconocer cuál es la acción necesaria para resolver una situación problemática y así poder ejecutarla" (Zabalza, 2007, p. 11). Su importancia se asocia a la alta dosis de significancia e innovación que contiene. Esta condición le permite conducir con mayor efectividad los aprendizajes en la formación universitaria.

La práctica pedagógica de carácter innovador, apoyada por procesos de formación renovados y revalorados, conduce al desarrollo de actividades armoniosas y de disfrute entre el grupo discente, sin distanciarlo de la creatividad y la necesidad de construir conocimiento ligado a la vida misma.

El componente afectivo genera una atmósfera pedagógica con aires de libertad, creatividad y racionalidad, y conduce a una formación global y necesaria para el autoaprendizaje del estudiantado (Delors et al., 1996).

El aprendizaje autónomo que conduce al estudiantado a descubrir para entender y conocer, implica razonamiento. Inicialmente, el estudiantado podría recurrir a la creatividad como su capacidad de acción y actitud para crear y producir algo a partir de la necesidad de explicarse y entender lo que se le presente o cuestiona, no obstante, la transformación de la razón inicial buscada mediante el uso de dispositivos didácticos innovadores, supone el desarrollo de formas más profundas e interrelacionadas del saber. Lo que, en principio, quizás, parecía plano y simple, se convierte en una mesa servida por el docente para que el estudiantado de forma autónoma disfrute de un festín de conocimiento.

Los planteamientos realizados por Delors et al. (1996) sobre el desarrollo de competencias en contextos de formación en donde el aprender causa placer, podría contribuir al desarrollo integral de la personalidad y de la capacidad creadora y resolutiva del individuo. Sin embargo, para tal cometido se requerirá de un colectivo docente con capacidades esenciales que incidan en su función formativa, las cuales se adquieren a través de la práctica docente y su permanente análisis, ambos como la clave esencial del espíritu global e integrador de la educación actual (Marchesi, 2007).

Atendiendo a las prácticas docentes y su vinculación con el desarrollo de competencias para el ejercicio profesional, se considera necesario volcar la mirada a la responsabilidad con la que se asume el desarrollo metodológico de la función.

La metodología entendida como el medio que orienta el aprendizaje, está enriquecida por la reflexión-acción. En esta según Gardner (2005), se anida la capacidad de dicho profesional para y desde su práctica pedagógica conocer y comprender los problemas, retos y cambios que aquejan al individuo y su ambiente. Se constituyen en parte fundamental de las responsabilidades docentes y competencias clave por desarrollar. Asimismo, la priorización y síntesis que el educador haga de dichas realidades, junto con las decisiones y actitudes tomadas para el abordaje de la mediación pedagógica serán las causantes de inyectar protagonismo e innovación al proceso de la construcción cognitiva.

La transformación de la actitud del educador por una más analítica, reflexiva y de autoaprendizaje, atenta al sentir, pensar y actuar discente el cual va más allá de compartir constructos teóricos enlatados y más bien se centra en aproximar al estudiantado a las realidades del mundo a partir del desarrollo de aprendizajes de calidad.

Provocar un rehacer docente-pedagógico implica la movilización de diversos recursos (cognitivos, sociales, motores) como base para el desarrollo de las competencias requeridas por la sociedad contemporánea. De esta manera el profesional logrará impactar otras responsabilidades inherentes a su función.

La tarea de planificar y diseñar actividades pedagógicas con dinamismo y flexibilidad, le permitirán al educador distanciarse del accionar estudiantil y contribuir a que de forma autónoma éste desarrolle sus capacidades. Asimismo, según Zabalza (2007), el distanciamiento le permitirá analizar los niveles de influencia que ha ejercido sobre las actitudes ante el conocimiento desarrollado, los valores requeridos para su puesta en acción y la visión de mundo y de profesión a la cual se adscribe su colectivo estudiantil.

Por otro lado, el desarrollo de la competencia para la eficaz planificación de las actividades no puede abstraerse de un adecuado y racional uso del tiempo, la organización y programación de las iniciativas pedagógicas. Estas son las responsables de democratizar y viabilizar el currículo. Entre sus tareas fundamentales está la promoción de una formación para el desarrollo integral del sujeto, en donde será necesaria su participación de forma enérgica y sistémica que dé como resultado la reconstrucción de su pensar para la autonomía de conocimiento anhelada (Pérez et al., 2009).

Lo anterior conlleva a valorar el papel que juegan las variables organizativas en el quehacer pedagógico y su esperada coherencia con las propuestas curriculares. Ambas son responsables de incidir en el desarrollo de competencias que demanda la sociedad contemporánea y no de limitar su promoción y despliegue tal y como preocupa a algunos (Pérez y Sola, 2004; Gimeno, 2006; Rué 2004). Los expertos consideran necesario estar al pendiente de que la desmedida y rígida planificación del currículo no paralice la práctica, concretando los aprendizajes a tal punto que pierdan su carácter funcional para una construcción autónoma y de uso pertinente.

El tema de la planificación flexible, asertiva y apta para abordar los momentos de intervención pedagógica, se cree, requieren del diseño e implementación de dispositivos didácticos que traten el aprendizaje como medios para alcanzar el entendimiento de situaciones diversas, inciertas, poco abordadas desde la reflexión y el análisis. De allí la urgencia que el colectivo docente haga uso de sus competencias para organizar y atender con claridad cada uno de los retos, dudas, preconceptos, y otros desafíos que acompañan el aprender.

Tener la competencia para planificar el hacer didáctico, requiere de un proceso de autoformación a lo largo de la experiencia en la práctica docente. El camino transitado por el ejercicio de dicha función, explora renovadas formas para aprender y desarrollarse, permitiendo estructurar, ejecutar e implementar una práctica pedagógica innovadora, la cual, según Gardner (2005, p. 3), se logra al haber "alcanzado la cima de la práctica actual en el ámbito en el que actúa".

Lo anterior reta al profesorado a empoderarse del conocimiento socio-disciplinar y la relación de este con otros saberes entretejiendo información, sintetizando su relación, evidenciado su funcionalidad para la existencia y orientando al estudiante a que transforme, reconstruya y forme una amalgama de conocimientos útiles para su vida.

Lo llevado a la escena del contexto aprendiente le facilitará al educador producir un diálogo entre teoría, práctica y realidades del entorno, del cual se derivará desarrollo y perfeccionamiento intelectual.

El sedimento conceptual construido en el contexto de aprendizaje le facilita al estudiante la tarea de tomar decisiones en espacios de tiempo limitado y en condiciones variables. Esto le exige analizar y evaluar diversas posibilidades para poder concretar una participación activa en la vida (Gimeno, 2008).

Cuando se refiere a la transformación de la actitud del docente (la capacidad de aprender de lo ya aprendido, de auto aprender y de exponerse a nuevas formas de aprendizaje) como parte de las competencias meta-cognitivas requeridas frente a lo que es determinante aprender, conocer, ser y hacer en el proceso educativo, se está cayendo en el supuesto de que aprender es reconstruir y no yuxtaponer esquemas de pensamiento y de accionar.

Por lo tanto, se valora la influencia ejercida por parte del docente en el saber hacer del estudiante como aquella que se mece sobre un hilo muy fino ajustado a la ética y al autorreflexión, condiciones asumidas en su función profesional para poder así reinventarla.

Se requiere desarrollar el interés del profesional para emprender acciones de renovación a partir del cuestionamiento y reflexión de su cultura, ideología y realidades. De lo contrario, se estaría creando una capa impermeabilizante en su mente y en su accionar docente que atrofia e impide su debida transformación para la acción pedagógica (Pérez et al., 2009).

Como se ha mencionado, los anteriores cambios en la transformación del sujeto se consideran parte de las competencias docentes que impone la nueva era. Su desarrollo resulta de un proceso educativo práctico, significativo y agradable, lejos según Assmann (2002), del mal llamado proceso mecánico o instructivo de la enseñanza, el cual ha opacado su rasgo distintivo.

Aunando a las competencias específicas requeridas por el colectivo docente para el ejercicio de su función, es necesario abordar el tema de la competencia comunicativa a la luz de la necesidad que tiene el profesional de poderse expresar, explicar y ejemplificar las realidades que se construyen en el ejercicio de su función.

Atendiendo a las competencias docentes, se considera que la capacidad de comunicación podría valorarse como un potencial agente de cambio en la forma de mediar el proceso de enseñanza-aprendizaje, contribuyendo a una acción mejorada para relacionarse y comunicarse con el alumnado.

Una mala comunicación y relación con el universitario pueden perturbar la efectividad y eficacia de la práctica formadora. La discapacidad comunicativa obstaculiza el debido proceso que implica el desarrollo de aprendizajes para la vida y, además, veda la posibilidad de conformar un ambiente educativo que se convierta en el almácigo para el cultivo del aprendizaje autónomo, libre y democrático.

Por su parte, el grupo docente tiene la responsabilidad de generar una comunicación asertiva con el estudiantado a lo largo de todo el proceso de formación, ya que el colectivo en formación merece y requiere entender hacia dónde, por qué y para qué se le está enrumbando por ese transitar innovador del proceso formativo.

Otra competencia vital para el ejercicio específico de la función formativa es la coherencia con la que se despliegue el saber-hacer docente. La puesta en marcha de prácticas pedagógicas innovadoras y guiadas por una formación del individuo en toda su integralidad, tiene que ver con la capacidad de coherencia alcanzada por el grupo docente. Su responsabilidad de contribuir a evitar posibles conductas contradictorias, evitan la deslegitimación de su función formadora, resaltan modelos de conducta que benefician el proceso de maduración estudiantil y hacen evidente la autenticidad que ha de prevalecer en el ser humano.

Igualmente, necesario es establecer en colectividad las reglas básicas que normarán el accionar pedagógico de los participantes del proceso educativo. La responsabilidad, aunque compartida entre docentes y discentes en cuanto a su cumplimiento, parece recaer en principio en los hombros del profesional a cargo. La eficacia y permanencia con la que se acaten dichas normas evitarán cambios inesperados y sin fundamento que opaquen su sentido organizacional y democrático. Todo cambio en la normativa propuesta requerirá establecer acuerdos en colectividad (Marchesi, 2007).

Al respecto y coincidiendo con las palabras de Freire (2002), es importante que el grupo docente dé un buen testimonio al educando respecto de su actuar, de lo contrario, implicaría poner en tela de duda su posición y referencia como profesional frente a la justicia e injusticia, la libertad de expresión y de defensa. Lo anterior atentaría contra su ética como profesional y ser humano, mancha que difícilmente pueda ser borrada, más bien, contribuiría a su deformación como mentor y modelo profesional por seguir.

Competencias y ciudadanía

Cuando se emprende la tarea de abordar el tema del desarrollo de competencias en el ser humano y su importancia para atender a las demandas de la sociedad contemporánea, se considera preciso no solo teorizar sobre el término, sino también verlo en el complejo mundo social donde se instala. Esto nos conduce inexorablemente a la vertiente humanística del individuo y del conjunto social, cultural, económico y político donde se desenvuelve. Tengamos en cuenta que las competencias no se desarrollan en el vacío, deberán en todo momento estar vinculadas con la persona y su proceso de humanización.

Lo anterior nos refiere al análisis del concepto de ciudadano y su eventual incidencia en la calidad de vida de la sociedad, su idiosincrasia cultural y demás. Esto apoya lo sustancial de los procesos de formación que proclama Ander-Egg (1999), quien afirma: "…la educación responde al tipo de sociedad, que existe en cada país, la educación es a la vez…no sólo producto, sino también, un factor que influye en la sociedad" (p. 18).

La educación valorada como factor de desarrollo por su incidencia en el proceso de socialización a través de la formación promovida, es la responsable de desarrollar seres reflexivos y participativos, con deseos de conocer, para entender y hacer desde el conocimiento construido. Su función se concreta al hacer posible la traducción de las realidades en aprendizajes para beneficio de su desarrollo personal, profesional y colectivo; permitiendo a su vez la resolución de conflictos.

Según Tedesco (1999), el conocimiento hoy, más que nunca, se ha puesto en la mira, tanto por la universidad, como por todos los entes desplegados en los diversos escenarios de la sociedad. Su importancia se asocia al saber con virtudes democráticas en el individuo, en donde la toma de decisiones por parte del docente se realiza con mucho mayor acierto, puesto que supone estar apegada a la justicia, al respeto y a la solidaridad. Es decir, el conocimiento podría estarse traduciendo en el poder desarrollado por el individuo para transformar su entorno, ocupando un lugar como ciudadano activo, que propone y resuelve, que debate, desecha y relaciona los temas que le provee el contexto como insumos para fundamentar su hacer.

Al respecto y coincidiendo con Tedesco (1999), la calidad de vida podría estarse clasificando en "categorías vinculadas a la intensidad de los conocimientos" (p. 59), los cuales al ser utilizados por los individuos como boleto que garantiza su calidad de existencia, le traslada una significante responsabilidad a su promoción. No es de extrañarse que la Organización de Estados Iberoamericanos para la Educación, la Ciencia y la Cultura (OEI), de la cual Costa Rica es miembro, apunten a la intensidad con la que son promovidos los aprendizajes en los centros educativos, como parte medular para garantizar la equidad y calidad de los conocimientos y su relación con los fines que persiguen los sistemas de protección social de la región.

El análisis de la responsabilidad docente ante la promoción de aprendizajes toma relevante notoriedad en los contextos actuales caracterizados por la inequidad, la pobreza, la exclusión, la deserción escolar, la cada vez más prominente brecha cognitiva, social y económica, una formación limitada de la cual no hay garantía de ingreso al mundo laboral, escasa infraestructura y equipamiento institucional, condiciones educativas elitistas y discriminatorias entre países y dentro de ellos. Estos escenarios revelan una responsabilidad compartida entre el cuerpo docente, los gobiernos nacionales y locales, las organizaciones de la sociedad civil y los organismos internacionales a fin de garantizar que se alcancen los objetivos educativos que traza cada país.

La esfera de cambio educativo que conduce el análisis de la situación educativa actual, le abre el paso a las naciones del tercer mundo, donde el aprendizaje desarrollado de forma permanente, significativa y puesto en escena, sirve para reconstruir su política y las prácticas formativas que de ella se derivan. Este primer peldaño se constituye en un factor determinante para alcanzar el bienestar colectivo e individual. Las realidades educativas que como país de la región se tengan, en este caso en particular Costa Rica, se esperarían que fuesen valoradas más que limitaciones como oportunidades de crecimiento y desarrollo ciudadano.

Se defiende que la vinculación entre los conceptos de calidad de vida y ciudadanía es producto de un ideal de progreso, el cual se deriva de estados de transformación desarrollados no solo como garantía de un mejor futuro, sino respecto a lo que sucede en el ámbito universitario.

El desarrollo tiene como objetivo primordial el ser humano, sus condiciones de vida y la sostenibilidad requerida para materializarse en estados de bienestar plenos, todo esto como resultado de su capacidad para evolucionar.

La transformación del ser humano, se cree, es una más de las oportunidades que tendrá la labor formativa que abordar, a partir de una promoción de aprendizajes versados no solo al componente disciplinar, sino también, a los componentes afectivo y actitudinal. Lo que se persigue con esto es mejorar la coexistencia humana y la pluralidad de razonar que la caracteriza. Por ello, la importancia que hoy se les otorgue a los valores de la tolerancia, el respeto, la solidaridad, la equidad, el goce por aprender, la felicidad del vivir e intervenir en la vida y demás, garantizarán una sociedad más justa, más humana y, consecuentemente, más centrada en potenciar la calidad de vida ciudadana.

La función docente, promotora activa de una formación ciudadana como figura construida socialmente, deberá provocar en el universitario el empoderamiento de un saber con autonomía que contribuya al desarrollo personal, profesional y del entorno.

La reflexión e impacto del saber social en los contextos de aprendizaje y, consecuentemente, en los enfoques de enseñanza socio constructivistas, son entendidos desde la explicación de Flórez (1994), como los espacios destinados a la construcción interior del ser humano producto de una interacción entre el sujeto, el medio social, cultural y físico.

Lo anterior no será algo fácil de lograr, especialmente en ambientes como el universitario caracterizados por una cultura educativa que tradicionalmente ha dejado por fuera los escenarios sociales como objeto de estudio y se estado centrado en la reproducción del conocimiento ya dado y en una enseñanza que fabrica el aprendizaje.

La educación que apuesta por la transformación permite que el proceso de aprendizaje se nutra de la investigación. De esta manera es posible la confrontación de realidades para su efectiva intervención. Por ello asumir la responsabilidad de saber obliga a tener el fundamento necesario para defender posturas, resolver problemas, cuestionar las teorías dadas y aprender de los adelantos y transformaciones que el entorno provee.

Es posible creer que el conocimiento sustraído de lo que se vive en el mundo real podría estar rebasando las posibilidades institucionales de dar por sentado cualquier respuesta a las inquietudes de sus artífices cuando se preguntan, ¿qué tipo de ciudadano y ciudadana queremos formar desde la institución universitaria?

El anterior cuestionamiento amerita reflexión y teorización desde la práctica pedagógica, lo que se constituye, tal y como apunta Marchesi (2007), en la herramienta y pieza esencial que garantizará en el alumnado una adecuada formación ética. Esta última contribuye al desarrollo de un ciudadano proactivo, libre de prejuicios, con claridad de acción, con don de ayuda y facilidad de elección para mejorar sustancialmente su calidad de vida.

En este sentido, el saber hacer práctico del ejercicio profesional deberá estar arraigado a una base conceptual clara, firme, actualizada y significativa. Esta es la base para un accionar democrático, del cual, según su aproximación a las realidades, resulten los asuntos que deberá aprender el grupo estudiantil.

La relación entre la formación ciudadana y la democracia, esta última valorada por Platón entre el saber intrínseco y el poder que se le faculta al individuo, y por Rosseau como la organización política en donde no se diferencia el soberano del súbdito por la incapacidad del primero de accionar con rigor, emergen algunos asuntos que pueden transformarse en objetos de estudio los cuales fundamenten la razón de ser de un ciudadano en formación.

La ética y la moral, son parte de las virtudes concebidas por Platón. Ambas pueden ser aprendidas por el ser humano y se constituyen en el sustento de una mejor calidad de vida para el pueblo. Su propósito, según Assmann, (2002), consiste en acentuar el desarrollo de conductas orientadas hacia la justicia, la sensibilidad, la tolerancia y el respeto mutuo, valores que sobresalen en un ciudadano y que se consideran esenciales en la promoción de aprendizajes.

Se entiende que formar para la ciudadanía es aproximar a los individuos a que conozcan, valoren y practiquen los derechos y obligaciones que la sociedad promueve, de allí la importancia de partir del principio de responsabilidad que recae en el docente. Este profesional debe orientar los aprendizajes promovidos por la senda de la significancia, utilidad y compromiso con la vida, con la comunidad y con la profesión.

El desarrollo de la ciudadanía, concebida como pieza medular de las prácticas promovidas, especialmente cuando la edad del universitario coincide con aquella en la que se debe ejercer plenamente los derechos y deberes que están establecidos en el plano social y político, lleva al planteamiento de preguntas claves que le atañen a la formación universitaria y sus implicados: ¿cómo se logra acceder a una práctica pedagógica que forme para la ciudadanía? y ¿cómo se posibilita el desarrollo de conductas socialmente responsables y proactivas que tengan fundamentación teórica sólida y relación significativa con el objeto de estudio?

La formación universitaria, a diferencia del resto, atiende a una población ya en un nivel de madurez y arraigo de valores con capacidad para entender que todo lo que brilla no es oro, de allí que el modelo docente, aunque tenga mucha influencia en el entender y hacer del alumnado, no es suficiente. Se hace necesario que la actuación sobrepase la mera imitación del estudiantado al profesorado y se emprenda la vital tarea de formar ciudadanos universitarios conscientes de sus ideas y de sus actos como herramientas esenciales para el emprendimiento de una autonomía integral del ser (Schön, 1992).

Para ello la universidad debe sentirse obligada a promover entre el estudiantado experiencias de aprendizaje colectivas, por cuanto forma en una comunidad aprendiente en la que sus aportes al desarrollo personal del sujeto son vitales puesto que suponen:

a) Capacitarle para ser constructor de su propio conocimiento.

b) Promoverle deseos de trabajar en equipo para resolver problemas o al menos encontrar soluciones con los otros.

c) Fomentar el desarrollo de proyectos en común con otros lo que implica una construcción colaborativa y a la vez autónoma del aprendizaje (Gimeno, 2008).

Desde esta perspectiva, las áreas de aprendizaje resultan de una propuesta de flexibilidad curricular responsable de permitirle al estudiante conformar comunidades de investigación, en donde la creatividad y la acción se ponen al servicio del desarrollo colectivo e individual. De otra forma, resulta sumamente difícil poder generar procesos de formación integral, dado que solo se promovería la "compartimentalización" de los aprendizajes, llevándolos al extremo de carecer de relevancia, pertinencia e interrelación. De ahí que la propuesta busque generar mediante la unidad de experiencias, la integración de los conocimientos y valoraciones que provienen de diversas disciplinas en función de la comprensión y solución de problemas que enfrentan los estudiantes y la sociedad en general.

Asimismo, la universidad debe garantizarle a la sociedad la formación de individuos comprometidos con las causas que emergen de la comunidad a partir del desarrollo de la capacidad de convivencia y producción del conocimiento. Esto promueve el respeto por la diversidad de perspectivas y la relatividad teórica, a la vez que se traduce en un reto que deberá asumir el colectivo docente desde la construcción de capacidades para una formación ciudadana de calidad (Litwin, 2008).

Para Tenti (2007), la experiencia de una convivencia efectiva en el proceso educativo forma tanto al docente como a sus discípulos. Para su consecución es necesario que el profesional posibilite los espacios para que el grupo estudiantil desarrolle la capacidad de negociación y con ello se exponga a compartir ideas e implementar proyectos de impacto.

La valoración de Marchesi (2007) es un tanto más amplia, pues considera que las competencias (como las capacidades y las habilidades que le facultan al individuo para pensar, actuar y ser en la vida) se deberán concebir como la base que guía el proceso de enseñanza-aprendizaje, el cual gira en torno a una formación desde la acción para la acción. Su despliegue, según el autor, es consecuencia de las transformaciones cognitivas, sociales y personales a las que se expone el ser humano como resultado de su aproximación a las realidades de la cultura pública, dejando lo disciplinar en un plano menos protagónico (Pérez y Sola, 2004).

Lo anterior no deja de ser complejo, especialmente, si se considera que la disciplina e integración de saberes se logra a partir de la maestría con la que se afronte la práctica, la cual deberá ensamblarse de forma tan efectiva que sea palpable por los sujetos en formación y la sociedad, la cual cumple un rol fiscalizador respecto a la calidad de la función docente.

Se cree que una de las vías para articular disciplina y maestría en la enseñanza es el desarrollo de la creatividad docente como la capacidad del profesional para transformar las realidades del mundo en aprendizajes posibles de entender. De estos se pueden generar nuevos saberes (ideas, conceptos, asociaciones) traducidos en conocimientos pedagógicos, que, según Imbernón (1998), se revisten de importancia debido a que "la estructura social, forma parte del patrimonio cultural de una sociedad determinada y se traspasa, desde la infancia, a las concepciones y acciones del profesorado" (p. 26).

Lo expuesto por Imbernón llama a la necesidad de que el docente conozca, explorando y recorriendo su territorio pedagógico, los saberes que le acompañan, las actitudes tomadas y las acciones realizadas en el contexto aprendiente. El paso firme y la claridad didáctica como guías de la función docente le permitirán al profesional orientar al estudiantado en la construcción de los nuevos preceptos en conjunto y mediante negociación con su colectivo discente.

El interés por evidenciar los parámetros considerados como inquebrantables para el reconocimiento de una función pedagógica desarrolladora de conocimientos y competencias, garantiza mejores oportunidades de aprendizaje y bienestar ciudadano (Zabala, 1999).

Se cree que parte del éxito de la formación para la ciudadanía depende de cuánto incida dicho discurso en el estudiantado. Por eso, la necesidad de que los temas relacionados con el desarrollo socio-profesional del universitario se edifiquen a partir de una efectiva competencia comunicativa, ya que coincidiendo con Zabalza (2007) "los docentes convertimos las ideas o conocimientos, en mensajes didácticos […] el alumno recibe nuestro mensaje (en realidad lo que recibe son señales) y vuelve a decodificarlo (lo reinterpreta utilizando algunos de los códigos de que dispone) para quedarse a su vez, con la idea que extrae de dicho mensaje" (p. 82-83).

Paralelo a una asertiva comunicación, como la capacidad para expresarnos de forma clara, concisa, directa y contundente, se asocia la capacidad de ejemplificación como medio para compartir los aspectos relevantes que se desean comunicar.

Para la función docente la competencia de saber expresar y comunicar los aprendizajes que intencionalmente se quieren desarrollar, evidencia en gran medida la relación de teoría y práctica alcanzada.

Los niveles de entendimiento se alcanzan según la cercanía del estudiantado al saber. Esta aproximación la facilita el educador gracias a su clara y pertinente explicación y desenvolvimiento, ambas reflejo de la ideología respecto de lo que debe ser la formación.

Por tanto, el saber y la actuación docente podrían estar determinando la calidad de las actividades pedagógicas promovidas, haciendo evidente que el docente, además de conocer de pedagogía y de su disciplina en particular, supone desarrollar un componente vocacional significativo que le permita interesarse por los niveles de entendimiento alcanzados por el grupo estudiantil y su funcionalidad como ciudadano.

Este desafío podría estarle imponiendo a dicho profesional el desarrollo de diversas competencias potenciadoras:

a) El compromiso con los fines de la educación.

b) El diseño, planificación y desarrollo de su práctica.

c) Una actitud de compromiso por el estado cognitivo, emocional y físico del alumnado.

d) El desarrollo de su conocimiento disciplinar y contextual.

e) Su capacidad didáctico-metodológica para la adaptación de las estrategias de enseñanza según los intereses y las necesidades de los seres en cuya formación intercede.

Entonces, luego de exponer algunas de las realidades que enfrenta el reto de contribuir a formar un colectivo ciudadano en la sociedad actual, se considera relevante identificar las competencias docentes requeridas para desarrollar y consolidar al profesional a lo largo de la práctica pedagógica. Se requiere mantener a la vista las disposiciones básicas en torno al equilibrio afectivo y la responsabilidad moral y ética que han de caracterizar el accionar pedagógico. Estas consideraciones son las responsables de orientar la actuación docente en pro de una mejor calidad de vida, para y desde la sociedad.

Además, es igualmente necesario que el profesional de la educación tome conciencia de la transformación del pensamiento y del accionar que caracterizan al ciudadano. Ambas acciones estarían agudizando la ya compleja función formadora, especialmente en una era caracterizada por una cultura discente construida a la luz de cargas informativas a las cuales tiene libre acceso.

El abordaje de la formación en el mundo actual obliga a recurrir a un tratamiento innovador de la práctica. De esta manera se atiende a una formación para la acción y la realización personal y profesional del ser humano.

La comunidad universitaria enfrenta el reto de saber qué hacer con el conocimiento que desarrolla para funcionar con efectividad en contextos y situaciones determinadas, de allí su importancia y relativa complejidad cuando se pretende desarrollar competencias. Para Tedesco (2012)"…la educación es el lugar donde se expresan más concretamente las consecuencias sociales de la ruptura del pasado y la usencia del futuro. La tarea educativa, en definitiva, consiste en transmitir el patrimonio cultural y en prepararse para un determinado futuro" (p. 133), lo apremiante, sin embargo, según este autor, es asegurar una formación docente de calidad con la cual se asuma la práctica educativa de la mejor manera posible y por ello "…los educadores han sido (o deberían ser) entrenados para esa función pedagógica" (p. 133).

Como consecuencia, el profesorado universitario deberá ser instruido para promover una formación que garantice el desarrollo de competencias que evolucionen con el individuo. Estas capacidades y habilidades le permitirán moldear su conducta, pensamiento y hacer de acuerdo con las realidades del entorno.

La tarea del profesional sobrepasa la concreción con la que en algunos momentos se han querido contextualizar los aprendizajes. Esta debe más bien ocuparse de apoyar al estudiantado para que administre y estructure toda la información a la que está expuesto (desarrollar la capacidad de síntesis y de organización), no solo en los contextos de aprendizaje, sino también en su vida diaria.

El vivir está condicionado al saber cómo conocer, cómo intervenir y cómo proponer alternativas (competencias básicas por desarrollar en el ser humano). En consecuencia, la formación del ciudadano universitario deberá ocuparse de construir conocimientos permanentes, que le acompañen por la vida a aprender a aprender.

El facilitar la construcción autónoma del conocimiento para que el sujeto pueda identificar lo que quiere y necesita saber y aplicar en la vida, implica el desarrollo de su capacidad para distinguir cuándo y cómo tomar decisiones, saberlas controlar y poder así adaptarse a la diversidad de situaciones que afronta. Para esto debe asegurar su participación y compromiso en la transformación del contexto aprendiente. Esto para Denyer, et al., (2007) "…obliga a hacer una modificación radical en la relación pedagógica" (p. 194).

El docente debe ahora preocuparse por el aprender discente con una lógica de acción centrada en el alumno, construyendo competencias y conocimientos, más que una lógica de transmisión centrada en la materia. Este renovado interés formativo impacta no solo el tipo de escogencia de los aprendizajes y las metodologías de enseñanza según las necesidades del individuo y el entorno, sino también, la forma en que son evaluados.

Los aprendizajes (responsables de contribuir al desarrollo de competencias) que son llevados al contexto de aula, ameritan de un mediador, el cual según Denyer, e. al., (2007), se pregunte qué es lo que se debe conocer, porqué, el cómo y cuál es el procedimiento para su evaluación, sobre todo en lo que se refiere a los criterios, los indicadores correspondientes, índices de éxito observables, cuantificables que permitan objetivar el nivel de dominio alcanzado por el grupo estudiantil para cada una de las competencias.

Los autores citados alertan a quienes deciden ahondar en el tema de la evaluación producto del cuestionamiento que ellos mismos hacen respecto a la valides de la boleta de evaluación para reflejar una enseñanza basada en competencias.

Al parecer el problema de la medición y la objetividad no es propio únicamente de la enseñanza por competencias, sino también de los métodos tradicionales de formación.

El tema de las competencias y la promoción de aprendizajes para la formación ciudadana, conduce a reflexionar sobre el momento histórico en el cual vivimos.

En la actualidad es trascendente para la convivencia social convertir la enseñanza en un aprendizaje para la democracia. Su concreción se asocia a los ideales ciudadanos de bienestar en donde la promoción de una sociedad justa y equitativa para todos y todas es vital. El nuevo proyecto educativo debe incorporar esos ideales como parte esencial de sus valores sociales, entendidos como los principios de libertad, igualdad y solidaridad que se conviertan en guías para la acción.

Ahora bien, si la educación es tarea de sujetos, o sea, de seres que piensan y sienten, entonces, su meta es formar personas que además de ser sensibles para valorar las cosas (bellas y no tan bellas) y a las personas (buenas y no tan buenas), también sean capaces de expresar con sus acciones una orientación democratizadora igualitaria e incluyente.

Entonces, según lo comentado anteriormente, el aprendizaje se convierte en un proceso inacabado y permanente el cual resulta necesario para llegar al desarrollo humano deseable. Es nuestra naturaleza la cual permite que a través de la educación y la convivencia social, podamos lograrlo. Por ello, la importancia del cuarto enunciado de los pilares de la educación fijados por UNESCO, que se refiere a aprender a vivir juntos, coloca el énfasis en la necesidad de comprender a los demás y su historia, guiado por el reconocimiento de nuestra creciente interdependencia. Al respecto, se comparte plenamente la concepción educativa de Tedesco (1999), en el sentido de que es a través de la educación en donde se alcanza la capacidad de abstracción, la creatividad, la capacidad de pensar de forma sistémica y de comprender problemas complejos, la capacidad de asociarse, de negociar, de concertar y de emprender proyectos colectivos.

Finalmente, es posible señalar que precisamente la enseñanza práctica de la ciudadanía tiene como objetivo en primer lugar, lograr que todos y todas se sientan ciudadanos y ciudadanas, como parte de un proyecto de sociedad que les asegura el reconocimiento de sus derechos y deberes, considerando la obviedad de que la educación es tarea de todos y todas.

Competencias para la transformación educativa

El dinamismo que caracteriza la sociedad actual se asocia a cambios de orden político, económico, tecnológico y otros, como resultado de las renovadas formas de atender los procesos mentales abordados por el ser humano para razonar y funcionar en la sociedad.

Caminar por la vida con intenciones profundas de entender lo que sucede a nuestro alrededor nos obliga a transformar las formas como pensamos y funcionamos en la sociedad. La manera como tradicionalmente hemos aprendido a conocer y entender los asuntos que completan el paisaje del entorno resulta en la actualidad profundamente compleja.

La mera transmisión y repetición de imaginarios ya no resuelve los enigmas del contexto, por el contrario, es urgente volcar la mirada al talento idiosincrásico del sujeto y hasta de las organizaciones.

La capacidad distintiva que se desarrolla a partir de la transformación de los contextos como el universitario, es según Tedesco (2012), lo que permite una construcción de los contenidos con sentido para las futuras generaciones.

La transformación educativa como herramienta que posibilita la movilización, generación y sostenibilidad del conocimiento en la economía actual, no es sinónimo de éxito, pero sí está asociada a niveles de adaptabilidad importantes para poder responder con asertividad a los retos que le impone la sociedad al sujeto y a los sistemas de formación como el universitario.

Ante un mundo que clama por seres humanos con competencias para afrontar los embates del entorno de forma efectiva, la universidad, motor clave del desarrollo social, deberá autoanalizarse para así poder desplegar su función de forma pertinente, funcional y responsable.

La transformación universitaria procura atender de forma innovadora su función formativa y generar acomodaciones sustanciales en su gestión administrativa y del conocimiento.

Esto a fin de garantizar procesos de calidad, es decir, centrados en el desarrollo de conocimientos convertidos en competencias en el individuo como una de las vías que facilita su relación con el entorno. Para tal cometido la universidad podría considerar, entre otras, algunas de las siguientes tareas:

- Innovar como resultado de su renovación.

- Dinamizar la oferta curricular.

- Apoyar el desarrollo del ejercicio docente.

- Velar por un asertivo acompañamiento socio disciplinario entre el grupo docente y el discente

- Conformar redes de conocimiento.

- Promover competencias básicas.

- Promover la sinergia disciplinar.

- Velar por el respeto a la pluralidad cultural.

- Internacionalizar el currículo.

- Incorporar las TIC en el quehacer universitario

Según Ruíz, Martínez y Valladares (2010), "la renovación permanente de las instituciones de educación superior se traduce en mejoras académicas o institucionales mediante las cuales se puede responder a las necesidades sociales, económicas, culturales, políticas, científicas y tecnológicas del momento" (p. 90). Para esto la universidad deberá conocer sus alcances, limitaciones y retos, sólo así podrá reconstruirse a tono con el desarrollo del contexto.

La educación, además de los cambios que la han retado producto de una sociedad en evolución, ha dejado de estar limitada a una etapa concreta de la vida, a un solo contexto de acción, a una determinada fuente de inversión y a una oferta curricular y metodológica, esta última hoy valorada por su flexibilidad en cuanto a la producción y despliegue de conocimientos que permite al egresado universitario desenvolverse en la vida, laboral y personal. Para ello, "se debe romper con esquemas y modelos de rigidez académica e institucional que, en muchos casos, no solo impiden la apertura a nuevas estructuras que favorecen el aprendizaje y dan respuesta a los intereses vocacionales y profesionales de los alumnos, sino que también carecen de congruencia ante la realidad social del país" (Ruiz, Martínez y Valladares, 2010, p. 91).

Los modelos educativos juegan un papel determinante en la calidad de formación ofertada por las universidades, para Tünnerman (2010) son los responsables de sedimentar el paradigma pedagógico que una universidad promueve. Actúan como marco referencial que orienta las decisiones en las diferentes funciones institucionales (docencia, investigación, extensión y hasta servicios) a fin de concretar su más ambicioso proyecto, contribuir al desarrollo de la sociedad.

A pesar de lo propuesto por Tünnerman, tradicionalmente dicha calidad ha sido referida a los indicadores de eficiencia y eficacia en los procesos de gestión, equipamiento e infraestructura, no obstante, y, aunque todo ello es necesario para brindar una educación formal, en el presente, lo prioritario es la particularidad con que sea abordado el proceso de formación, como el aspecto sustancial de la universidad socialmente responsable y que se plasma en el tipo de modelo educativo al cual se adscribe la institución. Aquí, los aprendizajes están más asociados a los estados de intelectualidad alcanzados y a las actitudes que se pretendan modelar a partir de decisiones procedimentales pertinentes para lograr construir conocimiento funcional y significativo.

Alcanzar la transformación de la universidad comienza por conocer y evidenciar la pertinencia de su modelo pedagógico con respecto a los retos que le impone la sociedad. Para ello, se podría pensar en un enfoque por competencias como una de las posibles vías para superar tradicionales modelos de enseñanza. Estos últimos se asocian a la transmisión y el adiestramiento.

Por mucho tiempo se consideró que el hacer educativo debía nutrirse sólo de la teoría. Los distintos focos de información que le rodeaban no eran de su interés pues suponían insumos poco elaborados que no cumplían con los requerimientos académicos del momento. Esto resulta contradictorio a la luz de un perfil de egresado universitario, en el que la sumatoria de los recursos cognitivos, actitudinales, sociales y personales, son clave para un mejor desempeño laboral y de vida en general. Ahora bien, si esto es lo que se considera prioritario para legitimar su pertinencia, ¿por qué seguimos insistiendo en el tema?

Analizar los modelos educativos, según Tünnerman (2010), implica recordar que estamos ante un mundo en el cual se tiende a limitarlos a las demandas del mercado; demandas que, aunque válidas, sin duda, no deberían constituirse en su prioridad, puesto que ello se toma de los requerimientos que le impone la sociedad.

El pensar del autor no se disocia al de otros como el de Gibbons (1998), quien coincide en que la transformación de la educación universitaria debería centrar su atención en el desarrollo y uso conveniente de los conocimientos que promueve, así como, en el abordaje continuo y asertivo de la información que nos rodea, esto con el fin de preparar al egresado para enfrentar, entender y si es posible solucionar los problemas del entorno.

La dimensión social de la universidad y su vinculación con la formación de ciudadanos íntegros de amplio espectro de pensamiento, comprometidos con las problemáticas del entorno, son sin duda alguna distintivos de la transformación educativa que reta el mundo contemporáneo. No obstante, este cometido educativo pareciera estar en riesgo en regiones como la centroamericana, esto según el estudio doctoral realizado por España (2004) el cual se centró en estudiar "Las perspectivas y desafíos de la educación superior en Centroamérica". Aunque ya son muchos los años que han pasado desde que este autor realizó su investigación, es curioso como la Educación Superior sigue presentando importantes deficiencias, muchas de ellas similares a las que apunta la UNESCO en el 2015:

-Limitada y hasta casi nula planificación institucional para garantizar un efectivo plan de relevo docente por jubilación.

-Escases de académicos con grado de doctorado para asegurar el reemplazo equitativo de los que por muerte, jubilación, o cambio de contexto laboral dejan la institución.

-Limitado presupuesto para apoyar la investigación lo que hace que la docencia, como el hacer sustancial de la academia, no se nutra de ese componente.

-Escenarios de atracción profesional externos los cuales son mucho más llamativos que el universitario en términos de prestigio y reconocimiento salarial.

-Falta de empoderamiento por parte del grupo colaborador respecto al hacer institucional debido a tiempos de contratación fragmentados.

-Deficiencias en la calidad y cantidad de los recursos, materiales e infraestructura a disposición del grupo académico para una efectiva promoción de sus funciones.

Aunque la información suministrada por la UNESCO evidencia una realidad de la educación superior poco alentadora, existen algunos escenarios educativos como el costarricense que a pesar de estas limitaciones demuestra una importante mejoría en su desarrollo universitario. Al respecto el Informe del Estado de la

Educación (2015) reveló que "El porcentaje de graduados oscila entre 46% y 52%, resultado que está por encima de los promedios de la OCDE y es semejante a los de Australia, Dinamarca y el Reino Unido" (p. 188).

Ahora bien, aunque hoy en día Costa Rica reporta una cifra importante de graduados, la UNESCO (2015) afirma que sus titulaciones provienen en su mayoría de la oferta privada y no pertenecen a áreas del conocimiento tan diversas pues se centran en la educación, las ciencias sociales y las económicas. La ciencia, la tecnología y la innovación se desarrollan con menor protagonismo y su oferta se concentra en la educación pública. Esto lamentablemente no es un indicador de importancia según la UNESCO (2015) pues el predominio de la universidad privada sigue dando de qué hablar en este país centroamericano.

> La distribución de oportunidades académicas por ramas del conocimiento para el conjunto de las universidades muestra que la mayoría de las carreras corresponde a las áreas de Educación, Ciencias Sociales y Ciencias Económicas (58% entre las tres) y, en general, la oferta está más concentrada en las privadas. En estas últimas, dichas áreas del conocimiento absorben el 70,7% de la oferta, mientras que en las públicas representan el 46,8% del total de programas (p. 190)

Las razones que podrían estar mediando en este lamentable distanciamiento de las cifras de matrícula entre la universidad pública y la privada, se cree, pueden estar asociadas a sus intereses educativos, económicos y sociales. Debido a esto la población estudiantil podría verse limitada a dos opciones:

a) Una formación pública -arraigada en la burocracia, rigidez de acción, escasa contextualización, extensas ofertas curriculares que alargan los periodos de graduación, de limitado presupuesto para operar y abrir más opciones de carreras (en el caso de la UNA podría escogerse entre solo 53 carreras según se puede evidenciar en su plataforma www. una.ac.cr,)

b) Una oferta de formación privada -inyectada de presupuesto derivado del aporte directo de la iniciativa empresarial (aquí la Universidad Latina se destaca en el 2017 con una oferta de carreras superior a las 70), la cual cobra en especie su contribución, pues tiende a manipular el currículo ofertado para la formación de operarios con habilidades técnicas que no necesariamente se asocian a estados de desarrollo intelectual superior e integral, condición fundamental para la construcción de una sociedad del conocimiento.

Sobre estos y otros particulares que llaman a la transformación de la educación superior, la Universidad Nacional en su Plan Global Institucional 2004-2011, apunta a la necesidad de afrontar algunos retos fundamentales para mitigar los embates que el dinamismo social provoca, entre ellos:

a) Asegurar una oferta docente atractiva y pertinente, en función de las tendencias, necesidades y nuevas demandas de la sociedad y de las aspiraciones de la juventud...

b) Tener una presencia cada vez más significativa en las regiones...garantizar un acceso más democrático a las oportunidades de estudio que brinda la Universidad y contribuir así a la superación de las brechas regionales en nuestro país.

c) Fortalecer los mecanismos de atracción y permanencia de académicos de alta calidad, destacada producción intelectual y elevado compromiso con la Institución. ...

d) Elevar el impacto académico y social de los proyectos y programas, lo cual requiere fortalecer los mecanismos orientados a elevar su pertinencia, productividad, excelencia y trascendencia, de manera que la Universidad responda más adecuadamente a las necesidades nacionales y regionales...

e) Orientar la cultura académica hacia el logro de un mayor trabajo en equipo, colaboración e interacción....

f) Rediseñar la estructura de la Universidad Nacional, de modo que se simplifique y agilice...

g) Redefinir las prácticas y criterios para la toma de decisiones en las distintas instancias y órganos de la institución con el fin de crear una nueva cultura de gestión, sobre la base del análisis constante de los planes institucionales y de la información relevante interna y externa...

h) Poner en ejecución una estrategia institucional de gestión de la información, la tecnología y las comunicaciones que, entre otros aspectos, permita orientar estratégica y políticamente el uso y aplicación de las nuevas tecnologías en los procesos académicos, los procesos técnicos de actualización y apoyo de la plataforma tecnológica, así como la integración de la información académica con la información administrativa para el apoyo en la toma de decisiones...

i) Actualizar el sistema financiero y la estructura presupuestaria en el marco de la nueva concepción estratégica institucional...

j) Elevar las capacidades y el grado de profesionalización de las autoridades académicas en materia de gestión universitaria...

(UNA,2004-2011, p. 32-34)

Actualmente, se podría creer que los hilos que mueven el accionar universitario podrían no estar hilvanados por las ideas de humanidad, por el contrario, es posible que hayan sido sustituidos por unos derivados de intereses económicos privados como consecuencia de la imponente globalización y de la apertura de mercados derivada de ella.

En el presente, la educación pareciera ser valorada por la búsqueda continua del eficientismo, la movilidad del sujeto y su empleabilidad. Los criterios mencionados suponen ser parte de las preocupaciones que conducen el accionar de la educación superior y legitiman la formación de un carácter universitario adaptable a las exigencias de mercado, pero provocador ante todo de saberes que le permitan al ser humano vivir a plenitud, consigo mismo y con los demás. Esto a pesar de que según la UNESCO (2015), "...crece la decepción en algunos segmentos de la sociedad y en algunos países ante la ineficacia de la educación como vehículo para alcanzar una movilidad social ascendente y un mayor bienestar" (p.63).

Lo mencionado por la UNESCO llama a la necesidad de analizar los modelos educativos de una forma responsable y a la luz de la realidad educativa, social y laboral actual. Sin embargo, este abordaje no debería hacerse a partir de un lenguaje enmarcado por conceptos como clientela estudiantil, empresa educativa, formación para la eficiencia, transmisión del conocimiento, el saber producto del adiestramiento y de la operatividad, aprendizajes por objetivos, y otros asociados a proyectos educativos orientados por la homogeneidad del saber.

Esto último se enmarca en políticas pedagógicas alejadas de una intención de formación para la autorrealización personal, orientada a proveerle al individuo herramientas para entender y resolver los problemas evidenciados en los distintos escenarios del entorno. Un ejemplo concreto de esta situación es explicado por Rué (2004) con el cual pretende esclarecer las intenciones del Marco Común de Convergencia Europea y del Tuning Project (2006). Según este autor, ambos referentes tienen como objetivo establecer un modelo de referencia universal normativo, el cual no toma en cuenta la contextualización de la formación en competencias desde las necesidades locales, labor que deberán asumir los docentes desde un hacer razonado y reflexivo, pero la pregunta es ¿cómo lograrlo sin caer en una práctica normativa, homogenizada y descontextualizada?

El desarrollo de competencias docentes para el ejercicio significativo de la función formativa debe construirse en apego a la identidad cultural e ideológica del grupo meta, ser respetuosa de la diversidad, funcional y pertinente para la compresión de las experiencias personales y profesionales que tenga el individuo.

Asimismo, el desarrollo del conocimiento alcanzado permitirá un desarrollo autónomo del ser humano, en donde su capacidad para tomar decisiones y proponer ideas en conjunto con los demás artífices del proceso, le provoque auto transformarse como parte esencial del hacer didáctico.

Las intenciones de establecer un modelo de enseñanza innovador como es el de las competencias, requiere fundamentación para su entendimiento, de lo contrario, podría no incidir en el colectivo docente por su supuesto origen y enfoque conceptual diverso y de carácter confuso y dogmático, entonces, ¿cuál es el papel de la universidad en este caso?

Se considera que la universidad deberá brindar el requerido apoyo a la función formativa desde una posición en donde la significancia de la singularidad se convierta en la vía de acceso para contextualizar la formación promovida. Esta deberá responder a los requerimientos de los distintos escenarios del entorno, traduciéndose esto en autonomía de acción para el saber ser producto de la transformación del contexto aprendiente. Sin embargo, cabe la duda de ¿cómo determinar el modelo educativo que se adscribe a los principios de transformación y consecuentemente de formación que persigue y urge la sociedad contemporánea?

Es esencial pensar que cualquier propuesta educativa deberá invitar a repensar el proceso de enseñanza-aprendizaje desde el estudiantado, considerado el centro del accionar formativo; la construcción del conocimiento como lo esencial del hacer pedagógico y las realidades que modelan el entorno, como los significados que le nutren.

Tal y como se ha hecho referencia, la sociedad y la universidad en el presente requieren una consideración diferente respecto al trato y el valor que se le da al conocimiento y, consecuentemente, a los deberes que se le imponen a la función docente en el contexto aprendiente.

Por su parte, el reto de la figura formadora, según lo evidencia el Proyecto de Definición y Selección de Competencias (DeSeCo) de la OCDE (2005), implica el desarrollo de competencias claves que le permita al docente emprender iniciativas de innovación enlazadas a procesos de auto y coevaluación para su desempeño y crecimiento profesional en el seno de la práctica pedagógica e identificar los aprendizajes esenciales que requerirá el alumnado para desenvolverse asertivamente en la vida.

También, el proyecto DeSeCo (2005, p.3) señala en su resumen ejecutivo de formato en línea que "Una competencia es más que conocimientos y destrezas. Involucra la habilidad de enfrentar demandas complejas, apoyándose en y movilizando recursos psicosociales (incluyendo destrezas y actitudes) en un contexto en particular", es más, considera necesario el poseer actitudes reflexivas que inviten al pensamiento analítico para la movilización de recursos psicosociales en contextos diversos e invita a la interacción entre el lenguaje (explícito y oculto), la tecnología, el conocimiento y la información.

Otras consideraciones referentes a la responsabilidad que tiene la universidad y sus artífices en la formación no solo disciplinaria, sino para la vida defendida por diversos autores quienes entienden la planificación de la enseñanza centrada en el desarrollo de competencias como propuesta innovadora las apunta Lundgren (1997), quien afirma que el desarrollo de competencias personales y profesionales dependerá de la credibilidad desarrollada por el individuo y la sociedad sobre la función e impacto de la universidad y sus artífices, así como su contribución para el desarrollo de la sociedad.

El aporte de Lundgren está ligado a los niveles de fortalecimiento del aprendizaje alcanzado y su vinculación con la transformación para un accionar funcional y revelador del proceso el cual construye y despliega conocimiento. Esto último se vincula estrechamente con lo esencial del modelo de enseñanza por competencias, ya que toda persona desde la perspectiva de Schön, (1992), se encuentra en la capacidad de aprender a mejorar como resultado de un proceso de acción que requiere del contraste de realidades y conceptos para viabilizar la construcción autónoma del conocimiento.

Sobre esta misma línea de asentar responsabilidades concretas al saber hacer universitario es que Pérez et al. (2009) afirma lo siguiente:

La finalidad clave de la enseñanza en la universidad es provocar el desarrollo en los estudiantes del aprendizaje relevante y eficaz de las competencias que requiere su incorporación al mundo profesional y social de la vida adulta.

Un aprendizaje es relevante cuando:

1. Es útil, es decir, tiene sentido para clarificar y afrontar los problemas básicos de la vida y para ampliar los horizontes de conocimientos, sensibilidades y afectos del aprendiz.

2. Envuelve e implica a toda la persona con sus conocimientos, habilidades, valores, actitudes, hábitos y emociones. (p. 9)

Asimismo, Román y Díez (2004) valoran con gran significancia los procesos desarrollados por el colectivo docente para la promoción de aprendizajes. Según estos autores, las decisiones tomadas en el seno de la práctica condicionan los índices de calidad educativa, garantizando una educación para la vida.

Lo anterior le traslada un grado significativo de responsabilidad al profesorado, quien deberá generar modelos de enseñanza que le permitan al alumnado, según lo establece el Plan Institucional 2004-2011 de la UNA, afrontar los retos presentes y futuros que le imponga el desarrollo nacional y regional, basados, según se cree, en procesos responsables de contribuir a una promoción de aprendizajes transformados en competencias que respondan al cómo, al por qué y al para qué aprende el grupo estudiantil. Estos según Pérez et al. (2009):

> ...constituyen un saber "hacer" que se aplica de forma reflexiva y no mecánica, debe adaptarse a la diversidad de contextos y tiene un carácter integrador. Cuando analizamos e intervenimos en cualquier contexto o situación de la vida personal, social y profesional utilizamos y se ponen en marcha nuestros conocimientos, habilidades, emociones, valores y actitudes, por

lo que hemos de aprender a conocernos y a desarrollar todos y cada uno de estos aspectos de nuestra identidad (p. 6).

Por su parte la UNESCO (2015), afirma que para garantizar un punto de encuentro entre la significancia del saber universitario y las demandas de conocimiento que impone la mundialización, es necesario formar no solo en lo disciplinar sino en lo actitudinal. La flexibilidad del ser humano y los niveles de adaptabilidad alcanzados serán condiciones claves que contribuyen a una mejor capacidad de respuesta laboral y personal. "Esas competencias suelen estar más centradas en lo que se conoce indistintamente como 'competencias transferibles', 'competencias del siglo XXI' y 'competencias no cognoscitivas', que son la comunicación, la alfabetización digital, la resolución de problemas, el trabajo en equipo y el espíritu de empresa" (p. 64).

A pesar de lo destacado por los autores anteriormente mencionados, no se considera al docente como el único responsable de la puesta en marcha de las competencias como iniciativas educativas innovadoras, de ser así, se estaría suponiendo que su efectiva intervención sería suficiente para obtener una calidad educativa significativa y consonante con las demandas del entono.

Por muchas que sean las intenciones del docente de orientar su práctica al desarrollo de competencias, deberá contar con el apoyo de su propia institución como lo destaca la UNESCO (2015), la cual está llamada a renovarse de forma permanente más allá del mero discurso, de manera que se traduzcan en prácticas para la transformación de sus procesos de gestión y organización a tono con las necesidades sociales, políticas, económicas y demás que desafía el presente. De ser así, quizás resulte posible hacerle frente a la escasa tradición que el enfoque por competencias tiene, así como atender a las complejidades que se le atribuyen.

Para Gardner (2005), el desarrollo de competencias resulta de la capacidad docente para conocer y comprender, desde la práctica pedagógica, los problemas, retos y cambios que aquejan al individuo y su entorno, la priorización y síntesis que haga de estos y las vías creativas y respetuosas que escoja para asumir con efectividad los desafíos que le impone su labor.

Se coincide con la visión ofrecida por el autor, siempre y cuando no se caiga en la errada concepción de idear un modelo de enseñanza por competencias desde un listado de acciones y requisitos por cumplir ni tampoco por modelos educativos abordados sin el debido acompañamiento institucional.

Se considera que la efectividad y la legitimidad del enfoque por competencias resultan de un proceso de construcción del conocimiento derivado de la propia necesidad de saber y comprender las cuestiones que le aquejan al sujeto desde su entorno.

El abordaje e importancia que se le dé al enfoque por competencias como posible modelo para la transformación del quehacer universitario, servirá de vía de enlace entre el profesorado y su práctica docente. Esto le permitirá profundizar en su entendimiento (dimensiones y alcances), como también lo afirma Perrenoud (2005), romper paradigmas y emprender la búsqueda de nuevos horizontes para alcanzar el éxito educativo.

El discurso de las competencias debe ir de la mano de un involucramiento del colectivo profesional en los diferentes proyectos orientados a la innovación y mejora de la calidad de la educación. De esta manera es posible que incida y así contribuya a prácticas coherentes con los fines institucionales, ya que "el desarrollo de la docencia requiere que los participantes del proceso educativo se apropien de la misión definida por la institución; conozcan y respetan las características de la población meta y realicen una práctica coherente con los principios institucionales" (Cedeño,

Quesada y Zamora, 2007, p. 19). Además, e igualmente importante, deberá seguir un modelo educativo como la proyección y el diálogo con la sociedad, rasgo fundamental que le caracteriza.

Reafirmando lo anterior, se estima que las competencias docentes deben ser concebidas como los instrumentos que facultan al profesional para la promoción de aprendizajes significativos producto de modelos de enseñanza que "…abarcarían tanto métodos y técnicas de enseñanza como los contenidos de saber que se proponen, un conjunto afín de técnicas y procedimientos de enseñanza", (Flórez, 1994, p. XXV). Su puesta en escena supone permitirle al profesorado abordar la práctica a la luz de una profunda reflexión del proceso y de las demandas que imponga el entorno.

El docente deberá estar dedicado a implementar y viabilizar el currículo a partir de una selección de los contenidos culturales que considere pertinentes y funcionales para atender las necesidades del contexto. De esta forma, dicho profesional podría contribuir a garantizar la eficiencia en el proceso de aprendizaje como mediador activo entre el saber y el alumno.

Lo anterior conduce a valorar los modelos de enseñanza en conjunto con los métodos aplicados como uno más de los elementos curriculares que apoyan el éxito de la formación estudiantil, ya que como bien lo dijo Chehaybar (1999), desde la acción el docente reflexiona sobre su práctica y busca modelos de enseñanza como medios o métodos que le permitan replantarse y experimentar nuevas acciones pedagógicas y con ello contribuir a la formación integral y permanente del grupo estudiantil.

Por su parte, Zabalza (2007) considera que el desarrollo de competencias docentes está ligado a la capacidad de dicho profesional para transformar su conocimiento disciplinar en un aprendizaje de conocimiento entendible, práctico y con sentido, por cuanto recurre a dichas competencias como el instrumento facilitador del conocer y el hacer del proceso educativo.

El colectivo docente, como el artífice de la universidad y pieza fundamental del proyecto educativo que dirige la construcción de una sociedad de oportunidades, deberá destacarse por su pensamiento crítico, actitudes pro-sociales, desarrollo individual y colectivo, responsable de formador profesionales de calidad e impulsor de nuevas maneras de aprender y hacer. Estas y otra cualidades son las que le asisten en el desarrollo de formas diversas para recrear conocimiento, entender las nuevas demandas de la sociedad en la que vivimos e identificar la función que ha de desempeñar como institución formadora.

Es evidente la importancia del desarrollo de un discurso docente claro sobre las competencias requeridas para actuar de forma responsable, competente y comprometida con la visión educativa promovida en la institución. Lo importante es responder a las necesidades educativas, políticas, sociales y económicas del país, como también a los fines promovidos por la educación; de los cuales, de acuerdo con Savater (1997), dependerá el destino del ser humano y sus relaciones con los otros.

En esencia, el modelo de formación por competencias se relaciona con las trasformaciones educativas dirigidas hacia lo activo en el aprendizaje, en términos del "aprender haciendo" como consecuencia de un "aprender pensando", a las posibilidades de articulación de las estructuras internas de ordenamiento institucional, así como también, a la adquisición y transformación de las habilidades culturales compartidas, incluyendo las formas de relación y cohesión social, las relaciones sociedad, persona y naturaleza y trabajo.

CAPÍTULO III
UN ACERCAMIENTO AL ESTADO DE LA EDUCACIÓN SUPERIOR EN CENTROAMÉRICA

En el ámbito latinoamericano y particularmente en la región centroamericana, los países que la conforman han venido en las últimas décadas mostrando cambios estructurales y funcionales a nivel político, económico, social y educativo. Las razones que lo provocan son consecuencia de las transformaciones que induce el dinamismo del contexto mundial como resultado de la globalización, fenómeno relacionado con los procesos políticos, económicos, sociales que acontecen en el mundo contemporáneo.

A la globalización se le ha responsabilizado del incremento de la interrelación económica entre las naciones; con ella la distancia y las diferencias culturales dejaron de ser agravantes para el intercambio comercial y consecuentemente social entre los pueblos. Para Roldán (2004), "la globalización es la consecuencia de la dinámica del capitalismo moderno, como antes lo fueron el colonialismo y el imperialismo" (p. 37), esto debido a la necesidad de conquistar mercados y erradicar la competencia con el menor costo de tiempo e inversión posible.

A pesar de lo expuesto, todavía en el siglo XXI, para Centroamérica (región, muy rica en biodiversidad, de suelos fructíferos y clima apto para el desarrollo de la producción agrícola), la globalización no se ha traducido en una significativa participación en el comercio mundial, es más, se denota un incremento sustancial de las desigualdades sociales, las cuales permiten darle a la región su distintivo social. La situación se agrava aún más cuando se valoran análisis como el de Solórzano (2006), quien afirma que:

> El proceso de integración centroamericana ha iniciado un nuevo periodo de retroceso. Los avances logrados hace casi 20 años a raíz del logro de la paz y el restablecimiento del orden democrático en la región, con la firma de los acuerdos de Esquipulas I y II. Al iniciar el siglo XXI parece evidente que la agenda de la integración centroamericana ha quedado relegada por la presión de los Estados Unidos por "mover" hacia el sur sus fronteras comerciales. Por ese motivo, cabe suponer que el *CAFTA* (*Central American Free Trade Agreement*), no es más que una versión ampliada- o tropicalizada- del *NAFTA* (*North American Free Trade Agreement*), dentro del cual se impondrán "nuevas disciplinas" a los Estados centroamericanos, (p. 1)

Como resultado de lo externado por el autor, es posible creer que para Centroamérica (región de América Latina destacada por las guerras, la pobreza, el analfabetismo, el conflicto de pandillas, una significativa población indígena) la globalización no solo ha trascendido la economía, sino también la educación, enmarcada por políticas que aunque aparentemente se orientan a "...establecer estándares mundiales de calidad en la educación superior...para insertarse en un mundo cada vez más competitivo a nivel nacional e internacional" (Interiano, 2004, p. 30), no dejan de ser tendencias ligadas a procesos de apertura comercial de impacto neoliberal, orientadas hacia la privatización de las entidades del Estado y la reducción de la inversión pública en los sectores de mayor vulnerabilidad como la educación, la seguridad y la salud.

Adicionalmente, Roldán (2004), afirma que "La crisis de 1999, que afectó a numerosos países latinoamericanos, ha agravado la pobreza y la exclusión social en un contexto de aumento de las desigualdades sociales, a escala internacional y en cada país" (p. 40).

Al respecto la UNESCO (2015) afirma que en la actualidad la movilidad humana global ha alcanzado su nivel más alto en la historia, esto significa uno de cada siete habitantes del planeta, correspondiente a mil millones de personas aproximadamente. Entre las razones más distintivas están aquellas asociadas al empleo y el bienestar. Esto genera "consecuencias importantes para la educación y el empleo" (p. 66).

La realidad de nuestros hermanos centroamericanos coincide con lo expuesto por la UNESCO. En estas regiones los habitantes peregrinan por países en donde la oferta laboral y condiciones de vida en general son mucho más atractivas, dicha situación es, además, alentada por un mundo globalizado, el cual llama a hegemonizar todo cuanto sea posible, ampliando los horizontes geográficos para encontrar trabajo. Lamentablemente entre sus efectos inmediatos está la transformación de la mentalidad localista de quienes optan por dejar su entorno y decidirse por uno una más universal. El investigador Guillermo Acuña González, del Instituto de Estudios Poblacionales de la Universidad Nacional de Costa Rica (IDESPO), afirma en su programa de curso ID-0130 Las migraciones en Costa Rica promovido en el I semestre del 2012 como curso optativo:

Las migraciones internacionales constituyen hoy en día uno de los principales procesos a escala global. De acuerdo con OIM (2011), 214 millones de personas en el mundo viven hoy en un lugar distinto al que nacieron y pese a que la reciente crisis del sistema capitalista mundial ha supuesto una desaceleración de los flujos migratorios, no se prevé que ni al corto ni al mediano plazo se visualice una importante disminución sobre el movimiento de personas a escala global (p.1).

Es posible creer que, como consecuencia de lo expuesto anteriormente, las ofertas curriculares en todos los niveles, incluido el universitario, así como las prácticas pedagógicas, que de ellas suponen derivarse, deberán adecuarse para contribuir al desarrollo de capacidades múltiples en el individuo. Esta condición le permitirá movilizarse con mayor efectividad no solo físicamente, sino también desde su dimensión social y cognitiva.

Por tanto, es de suponer que los estados de adaptabilidad del ser humano se deberán constituir en parte de los intereses que guían el proceso de enseñanza-aprendizaje con el fin de garantizar mejores niveles de vida para quienes, por una u otra razón, se ven arrastrados al desarraigo de su entorno natural y colocados de manera momentánea o hasta en algunos casos permanente, en regiones en donde se habla, se piensa y se vive de manera diferente a lo que comúnmente conocen.

Para Acuña, la situación migratoria y su vinculación con los estados de bienestar del ser humano deben tratarse con profundo cuidado puesto que, Centroamérica no es ajena a este contexto, ni mucho menos Costa Rica. La tendencia a considerar la migración internacional como un asunto de seguridad ciudadana, impide una lectura integral sobre el fenómeno migratorio y, en consecuencia, permite el desarrollo de acciones basadas en un enfoque castigador y punitivo para el migrante que se encuentra en sociedades como la costarricense (2012, p. 1).

Las presiones que ejerce la mundialización sobre los procesos, organización y prácticas de índole educativo podrían reducir sus efectos negativos si se lograra una transformación de la actitud formativa del docente, por una que le permita orientar al estudiantado para que construya conocimiento a la luz de sus señas de identidad cultural, intelectual y ciudadana, para permitir no solo subsistir en la vida, sino promover, provocar y resolver situaciones que se le presenten en su entorno y fuera de este y así con ello mitigar los efectos de su condición migratoria.

Ahora bien, no es difícil pensar en la compleja tarea docente que supone formar seres de provecho en entornos caracterizados por su deslocalización, desestructura y altísima competitividad, condiciones que se cobran cuando quien lucha por un puesto de trabajo o de participación ciudadana proviene de entornos no dominantes en la economía y la política, como es el caso de Latinoamérica y específicamente, de la región centroamericana.

Asimismo, la función formativa podría verse expuesta a presiones externas que condicionan los aprendizajes promovidos a unos de carácter más técnico y de poca profundidad de análisis, centrados en la preparación para el mundo del trabajo, en donde lo que impera es la necesidad de dominar acciones específicas vinculadas a un limitado desarrollo cognitivo, quizás, producto de intereses de un mercado laboral que busca ante todo elevar sus índices de productividad, restándole valor al sujeto como ser pensante y en constante evolución.

Como consecuencia de los retos de la función docente para formar en la sociedad actual, se considera importante que el grupo profesional cuente con el apoyo de políticas curriculares mucho más flexibles, no tan reduccionistas a nivel disciplinar y mucho más abiertas e intencionadas a la formación de competencias para el desarrollo y perfeccionamiento de la intelectualidad del ser humano.

El impulso que la universidad le brinde al desarrollo de las competencias en su alumnado deberá partir de un perfil de educador que igualmente haya promovido competencias diversas para enriquecer su práctica, dinamizándola, haciéndola más significativa y con metas de desarrollo cognitivo resultantes de las realidades del entorno y de la vida del estudiantado.

Cuando se habla del modelo educativo por competencias no se puede dejar de lado los discursos contradictorios que sobre ellas se han pronunciado. Sobre este caso en particular, existen algunas iniciativas para la puesta en marcha de referentes educativos para Latinoamérica como las sugeridas por el Informe Final Proyecto Tuning América Latina (2004-2007), el cual ha impactado notablemente el hacer de los contextos de aprendizaje en esta región. Este referente concibe por un lado las competencias como el "Conjunto de conocimientos, habilidades y destrezas, tanto específicas como transversales, que debe reunir un titulado para satisfacer plenamente las exigencias de los contextos sociales", (p. 320), y por otro las tipifica como aprendizajes puntuales de corte tecnicista, más asociados a un listado de asuntos por dominar que actitudes por asumir frente a la condición profesional y personal del educando respecto a las posibilidades y limitaciones que le presenta el entorno.

Un claro ejemplo de lo externado anteriormente es la insistencia en más del 80% del documento (303 páginas) en dividir disciplinariamente las áreas del conocimiento, ya no en social, científico y artístico, sino en medicina, arquitectura, administración y demás especialidades como se evidencia de la página 71 a la 290 del documento, las cuales según el informe requieren en su mayoría del dominio específico de acciones técnicas para emprender la labor profesional. Con esto no se está afirmando que esas sean estrictamente las intenciones por las que fue impulsado como marco de referencia educativo para la región latinoamericana.

Para entender un poco más el proyecto Tuning para América Latina, es necesario adentrarse en la historia que dio pie a su origen. En 1999, en la ciudad italiana de Bolonia fue firmada por varios de los Ministros de Educación de los países europeos, el proceso de convergencia denominado la Declaración de Bolonia, la cual promovió la creación del Espacio Europeo de Educación Superior, EEES. La iniciativa europea surgió para servir de marco de referencia a las reformas educativas que diversos países tenían que emprender de cara al siglo XXI.

Entre las propuestas y cambios más sustanciales gestados por la Declaración de Bolonia para la educación superior y que son en la actualidad sustento y base de muchas de las políticas curriculares en Latinoamérica, están las adaptaciones curriculares, tecnológicas y las reformas necesarias para crear una sociedad del conocimiento.

La relevancia del conocimiento en la Declaración de Bolonia les concede una transformada visión a los aprendizajes, considerados expresión del saber, comprender, conocer y hacer de las personas cuando se empoderan del conocimiento. Además, dicha declaración clasifica los aprendizajes en tres categorías denominadas conocimientos (teóricos y vivenciales), destrezas, cognitivas y prácticas, y actitudes, orientadas a la responsable y autónoma forma de tratar el conocimiento.

Las orientaciones curriculares de las universidades de América Latina se han visto impactadas con la Declaración de Bolonia. Este es un compromiso iniciado por 29 países europeos para reformar las estructuras de los sistemas de educación superior de manera convergente. Lo contenido en dicha declaratoria inicia un proceso de mejora continua de la educación superior en Europa, para luego en el 2003 facilitar la incorporación de los centros de educación superior latinoamericanos a un proceso de revisión de la calidad. Este nuevo desafío educativo da como resultado la concreción del Tuning Project en el 2006, como resultado del trabajo realizado por 180 instituciones de educación superior de los 18 países latinoamericanos participantes.

La iniciativa Tuning, se enmarca en la necesidad de promover nuevos ejes rectores en la educación superior como consecuencia del desarrollo de sociedades del conocimiento para la acreditación de las titulaciones en la región y con otros territorios del orbe.

Es a partir del favorecimiento del desarrollo de la calidad, que se promulga la articulación de las ofertas curriculares con la construcción permanente, oportuna y funcional del conocimiento, la movilidad estudiantil y docente, la actualización y flexibilización del currículo, entre otros de sus distintivos, los cuales fueron detonantes que provocaron su puesta en marcha como referente educativo en la región.

Sin embargo, se cree que la iniciativa del Tuning para orientar los procesos de formación en América Latina bajo un enfoque por competencias ha presentado ciertas contrariedades, entre ellas:

a) La copia de modelos europeos sin la debida adaptación a las condiciones sociales, culturales, políticas y educativas, y al entorno que presentan los centros universitarios de Latinoamérica, ya que es, según el Informe Final Proyecto Tuning América latina (2004-207), "…aplicable a todos los sectores de la educación superior y capaz de articularse con otros niveles educativos", (p. 297).

b) El trasfondo de su nombre, como el mismo Tuning *Project* (2006) lo indica, deriva de la unión de *tune* (entonar) e *in* (dentro), que significa 'ponerse de acuerdo', aunque en el fondo ese acuerdo sea manejado por un número muy reducido de personas, provenientes de realidades sociales, económicas y políticas dominantes, asociadas a intereses alejados del desarrollo humano, del conocimiento funcional y más orientados al conocimiento como moneda de cambio.

c) Una fragmentada contraproducente concepción de las competencias.

Asimismo, es posible percibir en el Informe Final Proyecto Tuning América Latina (2004-2007), cierta evidencia de un interés por ligar el desarrollo de competencias a un listado de deberes de orientación disciplinar que no necesariamente estarían garantizando el desarrollo del conocimiento para la vida, es más, es posible denotar cierta inclinación por emplazar la construcción del aprendizaje como una acción ligada a resultados y no a un proceso de construcción sistemática de requerida introspectiva, no siempre fácil de explicar a otros y, por ende, no necesariamente demostrable.

La definición de resultados acordada en el Tuning incluye formulaciones que el estudiante debe entender y conocer o ser capaz de demostrar una vez concluido el proceso de aprendizaje.

Por otro lado, existe una tendencia de posicionar la obtención de titulaciones universitarias como la solución a los problemas de pobreza, desempleo y demás dificultades que como centroamericanos enfrentamos. Al respecto el Dr. Henry Mora Jiménez ex decano de la Facultad de Ciencias Sociales de la Universidad Nacional (UNA) en la conferencia ofrecida en el Observatorio de Desarrollo en la Universidad de Costa Rica en octubre del 2009, apuntaba a que "Actualmente en los países de América Latina, cerca de un 20% de la población tiene acceso a la educación universitaria..., las desigualdades y las brechas sociales son el producto del acceso a la educación" Seis años después, la UNESCO (2015) afirma que "No obstante, las tendencias actuales en materia de puestos de trabajo ponen en tela de juicio el antiguo vínculo entre la educación formal y el empleo, sobre cuya base el discurso y la práctica internacionales del desarrollo han racionalizado desde hace mucho tiempo la inversión en capital humano" (p. 63).

Por ello y aunque no se pueda defender como garantía absoluta para el logro del bienestar integral del ser humano, se entiende que la educación es un pilar fundamental, especialmente en regiones de mayor pobreza como la latinoamericana en donde las desigualdades económicas y sociales son características que toman relevancia en momentos de crisis económica mundial como la que estamos atravesando.

La preocupación de la ciudadanía por alcanzar niveles de formación que le garanticen un mejor empleo o hasta en algunos casos extremos, la sola retención del mismo sigue latente. En octubre del año 2009 la Directora del Observatorio del Desarrollo (ODD) de la Universidad de Costa Rica, M.Sc. Anabelle Ulate Quirós, en la conferencia ofrecida en dicha dependencia, manifestó "entre más altos son los niveles de educación de un país, mayores son los beneficios que obtiene su población, entre ellos la disminución de la desigualdad y el desempleo...".

Lamentablemente si analizamos lo aseverado por Ulate seis años después el panorama no es tan optimista según lo señala la UNESCO (2015) manifetsnado,

> Un número considerable de cuantos están iniciando la educación formal no cosecharán ya los anhelados frutos de las competencias adquiridas por medio de la educación: un empleo y la promesa de un futuro mejor... La esperanza de

movilidad social ascendente, alimentada por la ampliación masiva del acceso a las oportunidades de educación, se viene extinguiendo desde el decenio de 1990, no solo en muchos países del Sur, sino también del Norte (p. 63).

Sin duda alguna los problemas de empleo detonan una gran frustración en la población joven. Esta condición viene acompañada de las presiones económicas derivadas de la falta de ingreso por no contar con un trabajo digno y acorde con los niveles de formación alcanzados. ¿Será entonces que la marcada tendencia mundial de darle al conocimiento universitario una orientación empresarial y comercial para que impacte las economías nacionales no está dando los frutos esperados?, ¿Es esta pretensión la que está provocando que muchos docentes y discentes vean en las competencias un boleto al trabajo, ya que las concebirían estrechamente ligadas al desarrollo de destrezas para la inserción en el mundo laboral?

Los anteriores cuestionamientos parecieran tener sentido para el Tuning Project (2006), el cual pretende tal y como se lee en sus páginas introductorias, establecer un diálogo desde la universidad con todos los sectores sociales de los países involucrados, en donde el empresarial pareciera ser la mira.

Además, este proyecto tiene como fin atender desde la formación las demandas del pueblo y siendo la pobreza una gran compatriota latinoamericana desde hace décadas, el asociar la idea de educar para trabajar, como lo proclama el proyecto en cuestión, no es descabellada, pero sí errática a nuestro parecer intelectual y humano.

Estudiar para trabajar no debería constituirse solamente en la mira de la formación universitaria, más bien, convendría contemplársele paralela al desarrollo intelectual del sujeto, mediante la construcción y el empoderamiento del conocimiento para poder hacerlo funcionar y así poderle garantizar como profesional

Cuadro 2. Objetivos que persigue el modelo de formación promovido por algunas de las más reconocidas universidades privadas en Centro América

Universidad	País o países donde opera	Modelo de formación
UVG (Universidad del Valle de Guatemala)	Guatemala	-Promueve la innovación -Promueve el desarrollo profesional y personal
UCI (Universidad para la cooperación Internacional)	Costa Rica y México	-Promover la innovación para impulsar cambios positivos y sustentables en individuos y sociedades -Formar profesionales con una formación inter y multidisciplinaria, que posean los conocimientos herramientas y valores para formar conceptos de cambio bajo las concepciones de sostenibilidad y globalización.
INCAE. (Instituto Centroamericano de Administración de Empresas)	Nicaragua Costa Rica y	-Promover el desarrollo integral. -Promover la formación de líderes. -Mejorar las prácticas, actitudes y valores -Contribuir a elevar la productividad y el estándar de vida de los países donde opera.
Unitec (Universidad Tecnológica de Centroamérica)	Honduras	-Promueve la movilidad académica de docentes y estudiantes.
UFG (Universidad francisco Gavidia)	El Salvador	-Formar capital humano. -Formar profesionales competentes, innovadores, emprendedores y éticos.
UAM (Universidad Americana)	Nicaragua	-Formar líderes con visión global y sólidos conocimientos científicos y principios humanísticos, capaz de aprender permanentemente para enfrentar los desafíos de la sociedad moderna.

Fuente: Revista SUMMA. Especial Comercial Educación Superior Edición 213. Febrero, 2012.

universitario una vida de mayor reto intelectual, que no lo remita a labores mecánicas ni le cohíba de responder a las cuestiones del entorno, permitiéndole interactuar en los diversos escenarios de la sociedad sin sometimiento.

En este sentido, se considera la necesidad de establecer equilibrios entre la formación para el ejercicio de la profesión y para la realización personal y social del individuo como sujeto que deberá intervenir en el desarrollo del contexto. En otras palabras, son tan importantes las competencias para efectos de la formación para el trabajo, como aquellas referidas a los ámbitos de formación humana y ciudadana. Porque en esencia se trata de encontrar sobre la vía comunicativa del diálogo abierto, los ideales de sociedad y proyecto de comunidad que queremos como nación construir. De allí la necesidad de crear iniciativas que vinculen la formación con el mundo laboral, tal es el caso expuesto por la UNESCO (2015),

En Costa Rica, CAMTIC, la asociación industrial de empresas dedicadas a la tecnología, está ejecutando el programa Specialist, que tiene por objetivo dotar a jóvenes en situación precaria de las capacidades necesarias en Tecnología de la Información (TI) y cubrir así varios millares de puestos vacíos en el sector. Las instituciones de educación, informadas por empresas de TI como Cisco, Microsoft y otras, han diseñado cursos de formación con titulación que combinan habilidades SOFT, lengua y formación técnica, y que desembocan en empleos con una remuneración entre tres y cinco veces superior al salario mínimo del país.

Sin duda alguna las alternativas para relacionar efectivamente la formación, el trabajo y la satisfacción de seguir aprendiendo no pueden ser resueltas sólo con atender al Tuning Project (2006), esto a pesar de que dicho proyecto se describa a sí mismo como aquel dirigido para que desde la universidad los artífices del proceso educativo elaboren las estrategias concretas que mejor se adecuen a los procesos de innovación que necesitan poner en marcha para lograr concluir sus estudios. Estas pretensiones quedan cortas ante la duda de cómo innovar si no se estimula la investigación como herramienta que promueve la indagación en los entornos de formación y, más bien, el proceso de aprendizaje según lo que evidencia el Tuning, se centra en listar aquellas acciones que se deben emprender para conocer lo que el sector empleador requiere y con ello asegurarse un espacio en el mundo laboral.

Como referencia al escaso protagonismo de la investigación en la formación universitaria en Centroamérica y su vinculación con las iniciativas de innovación que profesan marcos de referencia educativos como el Tuning para Latinoamérica, se presenta en el Cuadro 4, de elaboración propia con los datos que la Revista SUMMA en su especial de febrero de 2012 sobre Educación Superior ofrece. Dicha publicación brinda una sinopsis sobre los objetivos que persigue el modelo de formación de algunas de las más reconocidas universidades privadas centroamericanas.

El claro interés del Tuning por hacerle creer a la población que es mediante su propuesta educativa que se logrará formar para el trabajo se ve también reflejada en la escogencia lingüística para detallar una de las potencialidades del proyecto, y es el caso específico del uso del término empleabilidad, el cual podría considerársele de corte mercantil y no tanto de orientación pedagógica, lo cual pone en evidencia la inserción al trabajo como uno de los grandes logros que con el Tuning el individuo cosecharía.

Es posible creer que la orientación Tuning como guía de la práctica educativa que garantiza la formación para el empleo, podría coartarle al sujeto su posibilidad de trasformar el conocimiento para permitirle ocupar sitios de mayor envergadura en donde entre otras cualidades lo fundamental es ser creativo, intelectualmente retador, investigativo, propositivo, innovador y orientado por su bienestar y el de los demás.

Otro de los puntos que aborda el Tuning Project (2006) se relaciona con el desarrollo de competencias en el profesorado. Sobre este particular, el Proyecto dictamina la necesidad de emprender un cúmulo de acciones de las cuales, como si fuese receta mágica, derivarían competencias esenciales para ejercer una transformada acción formativa, pero siempre condicionando al docente para que oriente los temas y seleccione los contenidos teóricos según las exigencias del mercado, es decir, permitiendo que sea la empresa la que marque la pauta del qué hacer, cómo hacer y para qué hacer, en la educación universitaria.

A la luz de lo evidenciado podría creerse que el Tuning Project (2006) dirigido a América Latina no ofrece claridad en la dimensión de la transformación que requiere el educador según las exigencias educativas y de la sociedad contemporánea, ya que no es posible identificar en dicho proyecto aspectos relacionados con la necesidad de que dicho profesional reflexione críticamente, autoevalúe su función, se sensibilice ante los embates del entorno producto de su saber hacer investigativo al cual hacen referencia autores como Imbernón (2009), Sepúlveda, (2005), Stenhouse (2004), entre otros.

Igualmente, es de considerar la carente importancia que le resulta al Tuning como referente educativo para América Latina, el establecer los aprendizajes en términos de la transformación de las actitudes, ya que, partiendo de sus supuestos, los cuales propone como el deber hacer en la educación, es difícil que se logre el cambio de actitud requerida en el profesorado y alumnado, cuando supone derivarse de un mandato y no del propio autoanálisis y convencimiento del sujeto.

Otro de los puntos que llama la atención sobre este referente educativo es que centra su interés en el extenso listado de deberes cognitivos a los que se debe orientar la función docente, listado que a su vez se muestra dividido por disciplinas como fragmentos del conocimiento (situación que se evidencia de la página 71 a la 290 del Informe Final Proyecto Tuning América Latina), lo cual no garantiza que el estudiantado logre una efectiva sinergia de saberes con la cual pueda construir conocimiento funcional para desenvolverse de manera pertinente en la vida.

Otra de las cuestiones que desorientan la función de la educación superior desde lo que plantea el Tuning, es el riesgoso protagonismo que se le da al sector privado como el salvador de las finanzas que la educación superior requiere para la consecución de sus fines. Esto podría suponer entregar las llaves del pensar universitario a una gesta empresarial con distintos intereses. En tal sentido, se estaría asumiendo el riesgo unilateral en aquellos aspectos de la vida humana reducida a la eficiencia per se, sin formar seres humanos capaces de reflexionar sobre sí mismos y sus proyectos históricos, los desafíos de convivir con aquellos que son diferentes o quieren ser diferentes, o los ideales de equidad y solidaridad. Esta decisión se pagaría con la deshumanización y la destrucción del espacio público y, al final de cuentas, del privado.

La eminente globalización ha penetrado proyectos como el que está en análisis, con lo que es posible entender su interés por el desarrollo de un espíritu empresarial en el alumnado y, consecuentemente, en el profesorado como mediador del proceso formativo.

Tal y como se ha mencionado anteriormente, el lenguaje mercantilista utilizado de forma audaz a lo largo del planteamiento Tuning parte de la contribución que dicho proyecto le significa al desarrollo para la empleabilidad, así como también afirma su interés de orientar al estudiantado para el logro de niveles superiores de estudio conducentes al desarrollo de un espíritu empresarial, hoy conocido como emprendedurismo, el cual es definido por Durán (2008) como el espíritu emprendedor de donde se generan las ideas de negocios para satisfacer las necesidades humanas a través de la creación de sus propias empresas; no obstante, no se hace hincapié en la necesidad de desarrollar un pensamiento crítico, propositivo, combativo y transformador, el cual impulse iniciativas de mejora individual y colectiva, de deseo por seguir aprendiendo en aras de desaprender para hacer del conocimiento una herramienta funcional a lo largo de la vida.

Según lo expuesto, se considera necesario emprender orientaciones pedagógicas centradas en la integralidad, complejidad e interdisciplinariedad de los aprendizajes para la formación de los ciudadanos y ciudadanas. En este sentido, cualquier aproximación con pretensión de educar en un mundo cada vez más complejo, demanda a su vez de nuevas prácticas pedagógicas dirigidas a comprender y transformar las realidades dinámicas, diversas e interrelacionadas que existen.

Por tanto, se concluye afirmando que formar capacidades para dar unidad a las fuerzas dispersas y cambiar las relaciones desiguales existentes, significa la formación de sujetos autónomos quienes encuentran sentido al proyecto de emancipación, libertad y justicia en estos nuevos tiempos. De alguna manera, no se puede enfatizar solamente en la economía de mercado sin más, sino que se trata de construir la educación necesaria para atender a los distintos desafíos que como latinoamericanos tenemos en este mundo global.

Se cree entonces que la contribución docente al desarrollo social y en especial la del estudiantado universitario de la región, deberá darse contemplando el contexto del cambio educativo que determina el presente y el cual promueve la globalización. Esta última caracterizada por las economías modernistas y su condición expansiva como pieza clave para su supervivencia (Hargreaves, 1996). No obstante, dicho cambio no necesariamente se liga a la prosperidad y búsqueda de la intelectualidad, es más, se cree que por su condición expansiva podría carecer de respeto a las diferencias culturales, ideológicas, políticas y demás factores que contribuyen a expandir las desigualdades socio cognitivas de los individuos en detrimento del desarrollo social en los entornos más desfavorecidos como el centroamericano.

CONCLUSIONES

1) El análisis del proceso de cambio que afecta a la educación superior en el caso específico de la Universidad Nacional y su vinculación con el desarrollo de la pedagogía por competencias, así como la aportación desde la literatura científica especializada, facilitaron la aproximación al conocimiento del enfoque educativo por competencias. Este recorrido permitió detectar problemas, construir relaciones y elaborar conceptos vinculados con la docencia universitaria y la formación pedagógica.

2) Queda claro que son muchos los retos que debe asumir la función docente para contribuir al desarrollo de destrezas en su grupo estudiantil. Las intenciones se centran en lograr que este colectivo sea parte activa de los principales núcleos de la gestión política, económica y social del contexto, resultando de ello una mayor posibilidad de progreso de su calidad de vida. Estos son solo algunos d los desafíos que la sociedad de la información y del conocimiento le hacen al contexto universitario, de allí la importancia de que sean analizados con el fin de lograr un mejor empleo de los recursos académicos para la formación de las nuevas generaciones.

3) Por la escasez de antecedentes teórico-conceptuales sobre esta temática dentro de la UNA, así como en el resto del territorio costarricense, se procedió a realizar una extensa reflexión acerca del papel que desempeña

en la educación superior uno de los temas más controvertidos, el desarrollo de competencias en los procesos educativos. El interés fue evidenciarlas como una de las vías para para promover aprendizajes útiles, relevantes y pertinentes en el seno universitario. Esta es una condición clave para el desarrollo efectivo del grupo estudiantil en la sociedad del conocimiento.

4) El marco de referencia del problema abordado en este texto es que la educación actual se diferencia de la tradicional en la medida en que la práctica vinculada con la teoría se hilvana para construir conocimiento con significancia, incumbencia y aplicabilidad. La función de la acción pedagógica supone centrarse en garantizar al estudiantado y a la sociedad una formación amplia, integral, profunda y relevante, vinculada con las necesidades del entorno y dimensionada desde los fines de la educación en la práctica. Lo que hace que se consideren los procesos de enseñanza y aprendizaje como los responsables de dirigir la práctica pedagógica para esa construcción diferenciada del conocimiento. Para ello y parafraseando a Pérez en Gimeno et al., (2008), deben cambiar las formas de entender el conocimiento, así como la formación personal, social y profesional de aquellos implicados en el acto educativo.

5) Desde esta perspectiva y según el discurso contradictorio de las competencias como modelo de enseñanza-aprendizaje expuesto por diversos autores (Gimeno et al., 2008; Barnett, 1994; Perrenoud, 2005; entre otros), para algunos este marco de referencia es concebido como parte de los indicadores del desempeño para su concreción, puesto que la competencia es

valorada como una cualidad que se tiene, se adquiere o se es capaz de mostrar o demostrar, a partir del desarrollo de destrezas técnicas las cuales facultan al individuo para operar o ejecutar una acción determinada en un momento concreto. Esto hace recordar el modelo de formación por objetivos, lo que se podría traducir en un paso atrás en el proceso de planificación de las prácticas promovidas en los contextos de enseñanza.

6) Otros, por el contrario, relacionan el modelo en cuestión con el desarrollo gradual de habilidades cooperativas y de socialización en el aprendizaje, la cual se alcanza como consecuencia de la capacidad holística del ser humano para integrar sus atributos personales (cognitivos y meta cognitiva) y así dar respuesta a las demandas del contexto (profesionales, personales y sociales). Es valorada como un proceso que no concluye, en donde cualquier competencia puede y debe evolucionar a lo largo de la vida y según los condicionantes del contexto que se presenten.

7) A la luz de lo expuesto sobre las competencias como proceso de construcción permanente, mejorable y de integración holística de los recursos cognitivos y meta cognitivos del ser humano, se entiende que las instituciones de educación superior deberán valorar este enfoque como un aliado de la promoción de aprendizajes para la vida. Esto impactaría de manera positiva la calidad de la enseñanza y la práctica docente.

8) De allí el creer que el enfoque educativo por competencias se constituye en marco de referencia para seleccionar contenidos, transformar la evaluación y los procesos de enseñanza-aprendizaje. Esto le permitirá a la colectividad nutrirse de forma autónoma de

las realidades provistas por el entorno, de los saberes que su experiencia de vida le ha dado y de la teoría existente, todas ellas responsables de contribuir a la búsqueda de soluciones para resolver las situaciones-problema que emergen del entorno.

9) Se concluye afirmando que el conceder significancia y funcionalidad a los aprendizajes permitirá un efectivo abordaje de la formación promovida en los contextos educativos. Esto se establece como un elemento crucial para que educar por competencias se constituya en la vía para el desarrollo de aprendizajes y actitudes necesarias para que el grupo estudiantil pueda influir de manera proactiva y permanente en su vida personal y profesional.

LISTA DE REFERENCIAS

Acuña, G (2012). Las migraciones en Costa Rica. Programa de curso optativo ID-0130. Recuperado en http://www. una.ac.cr/idespo/components/com_booklibrary/ebooks/ Programa%2 0curso%20migraciones%201-2012.pdf

Ander-Egg, E. (1999). Hacia una Pedagogía Autogestionaria. Buenos Aires: Magisterio de Río de la Plata.

Arens, W. (2003). Publicidad. México: Mc Graw-Hill.

Arnau, L Y Zabala, A. (2008). 11 ideas clave. ¿Cómo aprender y enseñar competencias? Barcelona: GRAÓ.

Assmann, H. (2002). Placer y Ternura en la Educación. Hacia una sociedad aprendiente. Madrid: Narcea.

Barnett, R. (1994). Los límites de la competencia. El conocimiento, la educación superior y la sociedad. España: Gedisa.Bauman, Z. (2007). Los retos de la educación en la modernidad. Barcelona: Gedisa.

Blanco, N. (1997). El currículo: La importancia de conocer el origen de un concepto y unas prácticas. Material del curso de Política Curricular y Prácticas de Innovación. Programa Oficial de postgrado "Políticas Educativas", Universidad de Almería, España.

Blanco, N. (2005). Innovar más allá de las reformas: Reconocer el saber de la escuela. *Revista Electrónica Iberoamericana sobre cambio y eficacia escolar (REICE),* 3(1), 372-381.

Brunner, J.J (2003). Educación e internet: ¿la próxima revolución? Chile: Fondo de Cultura Económica.

Calatayud, A. (2008). La escuela del futuro. España: Editorial CCS Alcalá.

Camacho, M. (2012). *Mejoramiento del proceso de enseñanza-aprendizaje de la matemática en la educación inicial un desafío para la gestión de la educación.* Revista Gestión educación. Recuperado de: http://www.revistadigital.eae. fcs.ucr.ac.cr/index.php/colaboradores/149mejoramiento-del-proceso-de-ensenanza-aprendizaje-de-la-matematica-en-laeducacion-inicial-un-desafio-para-la-gestion-de-la-educacion-maria-martacamacho-alvarez.html

Canclini, N. (1995). Consumidores y ciudadanos. Conflictos multiculturales de la globalización. México: Grijalbo

Carnoy, M. (2002). Sustaining the new economy. Work, family and community in the information age. New Cork: Rusell Sage foundation. Harvard University Press.

Castells, M. (2002). La era de la información. La sociedad red. Madrid: Alianza.

Cedeño. M, Quesada. M Y Zamora. J. (2007). El diseño curricular en los planes de estudio: Aspectos teóricas y guía metodológica. Costa Rica, Heredia: EUNA.

Chehaybar, E. (1999). Hacia el futuro de la formación docente en educación superior. México, D.F: Universidad Nacional Autónoma de México.

Colé, Ma.T.; Imbernón, F y Giné, N. (2006). La carpeta de aprendizaje del alumnado universitario. España: Octaedro.

Delors, Jaques, Mufti, In`am Al, Amagi, Isao, Carneiro, Roberto, Chung, Fay, Geremek, Bronislaw, Gorham, William, Kornhauser, Neksandra, Manley, Michael, Padrón, Marisela, Savané, Marie-Angélique. Singh, Karan.

Stevenhager, Rodolfo, Won Suhr, Myong y Nanzhao, Zhou. (1996). La educación encierra un tesoro. Informe a la UNESCO de la Comisión Internacional sobre la Educación para el Siglo XXI. París: UNESCO.

Denyer, M; Furnémont, J; Poulain, R; Vanloubbeck, G. (2007). Las competencias en la educación. Un Balance. México: Fondo de Cultura Económica.

Durán, H. (2008). De empleado a empresario. Colombia: Skrybe.

Flórez, R. (1994). Hacia una pedagogía del conocimiento. Bogotá:

McGRAW-HILL.

Freire, P. (2002). Pedagogía de la Autonomía: saberes necesarios para la práctica educativa. Buenos Aires: Siglo XXI.

Gardner, H. (2005). Las cinco mentes del futuro: Un ensayo educativo. Barcelona: Paidós.

Gibbons, M. (1998). Pertinencia de la educación superior en el siglo XXI. Washington: Banco Mundial.

Gibbons, A.S, Nelson J. & Richards, R. (2000). The nature and origin of objects. Tomado de Wiley, D. The instructional Use of Learning objects: Online Version.

Gimeno, J. y Pérez, A.I. (1992). Comprender y transformar la enseñanza. Madrid: Morata.

Gimeno, J. (2006). La reforma necesaria: Entre la política educativa y la práctica escolar. Madrid: Morata.

Gimeno, J; Pérez, A.I; Martínez, J.B; Torres, J; Angulo y F; Álvarez, J.M. (2008). Educar por competencias, ¿Qué hay de nuevo? Madrid: Morata.

Goñi, E. (2007). Un Modelo Longitudinal e Integrado de Desarrollo de Competencias en la Educación Superior. (Tesis Doctoral). Universidad de Deusto, España.

González, C. (2001). La universidad necesaria en el siglo XXI. México: Era.

Hargreaves, A. (1996). Profesorado, cultura y postmodernidad (Cambian los tiempos, cambia el profesorado). Madrid: Morata.

Hargreaves, A. (2003). Enseñar en la sociedad del conocimiento. La educación en la era de la inventiva. España: Octaedro.

Imbernón. F. (1998). La formación y el desarrollo profesional del profesorado. Barcelona: GRAÓ.

Imbernón, F. (2005). Vivencias de maestros y maestras, compartir desde la práctica educativa. Barcelona: GRAÓ.

Imbernón, F. (mayo, 2009). Una nueva formación permanente del profesorado para un nuevo desarrollo profesional del colectivo. Revista Brasileña de Formación de Profesores (RBFP), 1(1), 31-42.

Informe Final Proyecto Tuning América Latina. (2004-2007). Beneitone, P; Esquetini, C; González, J; Maletá, M; Siufi, G y Wagenaar, R. Universidad de Deusto.

Interiano, C. (Marzo, 2004). Calidad y pertinencia en la educación superior. Logos. Guatemala: Universidad Panamericana.

Le Boterf, G. (2010). Construire les compétences individuelles et collectives. París: Éditions d' Organisation.

Litwin, E. (2008). El oficio de enseñar. Condiciones y contextos. Argentina: Paidós. Lundgren, U. P. (1997). Teoría del currículo y escolarización. Madrid: Morata.

Marcelo, C. (2008). El profesorado principiante. Inserción a la docencia. Barcelona: Octaedro.

Marchesi, A. (2007). Sobre el bienestar de los docentes: competencias, emociones y valores. Madrid: Alianza.

Marco, B. (2008). Competencias Básicas. Hacia un nuevo paradigma educativo. Madrid: Narcea.

Margery, E. (2010). Complejidad, transdisciplinariedad y competencias. Cinco viñetas pedagógicas. San José: Uruk.

Menin, O. (2001). Pedagogía y Universidad: Currículo, Didáctica y Evaluación. Argentina, Buenos Aires: Homo Sapiens.

Monereo, C. y Pozo, J. (2003). La universidad ante la nueva cultura educativa. Enseñar y aprender para la autonomía.

España: Síntesis.

Organización para la Cooperación y Desarrollo Económico (OCDE). (2005, © Federal Statistical Office, Neuchâtel 2011). La Definición y Selección de Competencias Clave (DeSeCo). Recuperado el 12 de octubre del 2010, http://www.deseco.admin.ch/bfs/deseco/en/index/03/02.html

Organización de Estados Iberoamericanos (OEI) (s.f). Calidad y equidad en la educación. Recuperado de http://www.oei.es/calidad2/organismos.htm

Oliva, F. y Henson, R. (1989). ¿Cuáles son las competencias genéricas esenciales de la enseñanza? En: Gimeno y Pérez. La enseñanza: su teoría y su práctica. España: Akal.

Papert, S. (1995). La máquina de los niños: "Replantearse la educación en la era de los ordenadores. Barcelona: Paidós.

Pérez, A.I. y Sola, M. (2004). Investigación e Innovación en la formación del Profesorado. España: Universidad de Málaga.

Pérez, A.I., Soto, E., Sola, M y Serván M.J., (2009). La universidad del aprendizaje: Orientaciones para el estudiante. Madrid: Akal.

Perrenoud, P. (2005). Diez nuevas competencias para enseñar. Barcelona: GRAÓ.

Roegiers, X. (2007). Pedagogía de la integración. Competencias e integración de los conocimientos en la enseñanza. Costa Rica: Coordinación Educativa y Cultural Centroamericana y AECI.

Rojas, K. (24 de enero de 2012). Porque invertir en I+D. Periódico La Nación. Recuperado de http://www.nacion.com/2011-01-24/Opinion/Foro/Opinion2660927.aspx)

Roldán, L.M. (2004). Globalización, educación costarricense y didáctica universitaria hoy. Reflexiones. 83 (2): 37-49, ISSN: 1021-1209.

Román, R y Díez, E. (2004). Diseños curriculares de aula. México, D.F: Nuevas Educativas de México.

Rué, J. (2004). Formar en competencias en la universidad: entre la relevancia y la banalidad. Barcelona: Universidad Autónoma de Barcelona.

Ruiz, R; Martínez, R y Valladares, L. (2010). Innovación en la educación superior. Hacia las sociedades del conocimiento. México: FCE, UNAM.

Rumbo, M.B. (2000). La Profesionalización de la Enseñanza Universitaria. España: Qurriculum, N.14.

Santos, M.A. (2001). La escuela que aprende. Madrid: Morata.

Savater, F. (1997). El valor de educar. Barcelona: Ariel.

Sector educativo costarricense necesita mayor inversión y reformas. (Octubre, 2009). Conferencia. Observatorio de Desarrollo. San José: UCR. Recuperado de http://www. odd.ucr.ac.cr/index.php?option=com_content&view=article&id=72&It emid=7&lang=es

Sepulveda, M.P. (2005). Las prácticas de enseñanza en el proceso de la construcción del conocimiento profesional. Educar, (36), 71-93.

SCHÖN, D.A. (1992). LA FORMACIÓN DE

PROFESIONALES REFLEXIVOS: HACIA UN NUEVO DISEÑO DE LA ENSEÑANZA Y APRENDIZAJE EN LAS PROFESIONES. BARCELONA: PAÍDOS.

Solórzano, E. (2006). El tratado de libre comercio entre Centroamérica y los estados Unidos y la integración centroamericana. Académia.Edu. Buenos Aires. 1(1) 153-174. Recuperado en http://ucr.academia. edu/ EdgarSolanoMu%C3%B1oz/Papers/445592/

EL_TRATADO_DE_LIBRE_COMERCIO_ E N T R E _ C E N T R O A M E R I C A _ Y _ L O S _ ESTADOS_UNIDOS_Y_LA_INTEGRACION_

CENTROAMERICANA

Stenhouse, L. (2004). La investigación como base de la enseñanza (5ª ed.) Madrid: Morata.

Stone, M; Rennebohm, K y Breit, L. (2006). Enseñar para la Comprensión con nuevas tecnologías. Buenos Aires: Paidós.

Summa. Febrero, 2012. Especial Educación Superior. Editorial: Mediagroup. Edición, 213(74-122).

Tedesco, J. (1999). El nuevo pacto educativo. España: Grupo Anaya.

Tedesco, J. (2012). Educación y justicia social en América Latina. Buenos aires: FCE, Universidad Nacional de San Martín.

Tenti, E. (2007). La Escuela y la Cuestión Social. Buenos Aires: Siglo XXI.

Torres, J. (2005). Currículo oculto. Madrid: Morata.

Torres, J. (2006). Globalización e interdisciplinariedad: el currículo integrado. Madrid: Morata.

Trejo, R. (1996). La nueva alfombra mágica. Usos y mitos de Internet, la red de redes. Madrid: Fundesco.

Tuning Project. (2006). Tuning Educational Structures in Europe, Tomo II. España: Publicaciones de la Universidad de Deusto.

Tünnerman, C. (2010). Nuevas perspectivas de la pertinencia y calidad de la Educación Superior. Boletín IESALC. Informe de Educación Superior. UNESCO.

Zabala, A. (1999). Enfoque globalizador y pensamiento complejo. Una respuesta para la comprensión e intervención en la realidad. Barcelona: GRAÓ.

Zabalza, M.A. (2007). Competencias docentes del profesorado universitario. Madrid: Narcea.

UNESCO. (2015). Repensar la educación. ¿Hacia un bien común mundial? París: UNESCO

Universidad Nacional (2012). Vicerrectoría de Investigación de la

Universidadde Costa Rica con base en resultados de ISI Web of Knowledge correspondiente al periodo 2 0 0 0 2008. Recuperado de http://www.kerwa.ucr.ac.cr/ bitstream/ handle/10669/319/Publicaciones%20cient % c 3 % a d f i c a s % 2 0 i n d e x a d a s % 2 0 e n % 2 0Centroam%c3%a9rica.pdf?sequence=1, en julio del 2012.

Universidad Nacional. (1993). Estatuto Orgánico. Heredia. Recuperado de http://www.una.ac.cr

—, 1998, Conferencia Mundial sobre la Educación Superior. Le educación Superior en el siglo XXI: Visión y acción, París, Francia, 5-9 de octubre de 1998, tomo 1, Informe Final, UNESCO, París

—, 2003, Conceptos básicos, Anexo 4. UNA Gaceta 3. Costa Rica, Heredia: Universidad Nacional. Recuperado de http://www.una.ac.cr

—, 2004, Plan Global Institucional 2004-2011. Asamblea de Representantes. Costa Rica, Heredia: Universidad Nacional. Recuperado de http://www.una.ac.cr

—, 2007, Elementos pedagógicos. UNA Gaceta 2. Costa Rica, Heredia: Universidad Nacional de Costa Rica. (s.f.,a). Sitio Web de la Facultad de Ciencias Sociales. Recuperado de www.fcs.una.ac.cr

—, 2009, Conferencia ofrecida por el Dr. Henry Mora Jiménez ex decano de la Facultad de Ciencias Sociales de la Universidad Nacional (UNA) en el

—, 2010, Universidad Nacional de Costa Rica. (s.f.,b). Sitio web de la Escuela de Secretariado Profesional, sitio recuperado el 5 de setiembre a las 7:00 am hora de Costa Rica) www.

fcs.una.ac.cr/secretariado/index.htm/

—, 2011, Reglamento de Carrera Académica. Heredia:

Universidad Nacional. Recuperado de http://www. juridica.una. ac.cr/index.php?option=com_remository&Itemid=0&- func =startdown&id=41

—, 2015, Informe del Estado de la Nación. Costa Rica. Recuperado de http://www.estadonacion.or.cr

—, 2012, Modelo pedagógico. Heredia: Universidad Nacional. Recuperado de http://www.una.ac.cr

—, 2015, Universidad Nacional de Costa Rica. (s.f.,b). Sitio web de la Escuela de Historia. Recuperado de http://www. historia.una.ac.cr

—, 2015, Universidad Nacional de Costa Rica. (s.f.,b). Sitio web de la Escuela de Psicología. Recuperado de http://www.

fcs.una.ac.cr/psicologia/doc_psicologia/planest.pdf

juridica.una.ac.cr/index.php?option=com_remository&Itemi- d=0&func =startdown&id=41

—, 2011, Informe del Estado de la Nación. Costa Rica. Recuperado de http://www.estadonacion.or.cr

—, 2012, Modelo pedagógico. Heredia: Universidad Nacional. Recuperado de http://www.una.ac.cr

—, 2015, Universidad Nacional de Costa Rica. (s.f.,b). Sitio web de la Escuela de Historia. Recuperado de http://www. historia.una.ac.cr

—, 2015, Universidad Nacional de Costa Rica. (s.f.,b). Sitio web de la Escuela de Psicología. Recuperado de http://www. fcs.una.ac.cr/psicologia/doc_psicologia/planest.pdf

Carolina España Chavarría

www.ingramcontent.com/pod-product-compliance
Lightning Source LLC
Chambersburg PA
CBHW021145090426
42740CB00008B/957